乡村振兴新引擎：数字乡村建设的创新路径与实践探索

马洪晶　任子蓓　周翠花◎著

吉林文史出版社

图书在版编目（CIP）数据

乡村振兴新引擎：数字乡村建设的创新路径与实践
探索 / 马洪晶，任子蓓，周翠花著 . -- 长春 : 吉林文
史出版社，2024. 9. -- ISBN 978-7-5752-0710-2

Ⅰ . F320.3-39

中国国家版本馆 CIP 数据核字第 2024CT9713 号

XIANGCUN ZHENXING XINYINQING:SHUZI XIANGCUN JIANSHE DE CHUANGXIN LUJING YU SHIJIAN TANSUO

书　　名　乡村振兴新引擎:数字乡村建设的创新路径与实践探索
作　　者　马洪晶　任子蓓　周翠花
责任编辑　孙佳琪
出版发行　吉林文史出版社
地　　址　长春市福祉大路 5788 号
网　　址　www. jlws. com. cn
印　　刷　北京四海锦诚印刷技术有限公司
开　　本　170mm×240mm　1/16
印　　张　11.5
字　　数　196 千字
版　　次　2025 年 3 月第 1 版
印　　次　2025 年 3 月第 1 次印刷
定　　价　58.00 元
书　　号　ISBN 978-7-5752-0710-2

前　言

　　本书旨在探索乡村振兴背景下数字化战略的创新路径与实践经验，聚焦于乡村振兴与数字化战略的结合，探讨数字化对乡村发展的影响，提出了一系列的研究内容和议题。本书分别介绍了乡村振兴与数字化战略的背景，农村电商平台建设与运营，城乡产品流通模式变革，农村电商的可持续发展路径，数字化物流与供应链管理，农村电商人才培养与管理，城乡融合与农业现代化，农村产品走出去与城里产品引进来，以及政策优化与路径支持。

　　2024年3月13日，中央网信办、农业农村部、国家发展改革委、工业和信息化部等11部门联合印发《关于开展第二批国家数字乡村试点工作的通知》。通知要求建立健全跨部门协调机制和跨层级联动机制，做好数字乡村建设整体规划设计，整合用好相关支持政策和现有资源，以责任落实推动工作落实、政策落实。充分发挥市场机制作用，更好发挥政府作用，培育数字乡村发展良好生态，以信息流带动技术流、资金流、人才流，探索形成社会多元共建新局面。围绕农民最关心、最直接、最现实的利益问题，加快制度、机制、模式和技术创新，积极拓展数字化应用场景，不断增强广大农民的获得感、幸福感、安全感。立足本地发展实际，探索具有区域特色的模式做法，不搞"一刀切"、齐步走，杜绝"形象工程"，久久为功、有力有序推进数字乡村建设。通知明确了工作目标，到2026年底试点地区数字乡村建设取得显著成效，乡村信息化发展基础更加扎实，城乡"数字鸿沟"加快弥合，涉农数据资源实现共享互通，乡村数字化应用场景持续涌现，数字经济促进共同富裕作用凸显，乡村振兴内生动力不断增强。通过开展第二批试点，探索不同区域条件下数字乡村发展路径和方法，打造一批有特色、有亮点的发展样板，挖掘一批可复制、可推广的典型模式，为推进乡村全面振兴、加快建设农业强国提供有力支撑。本书的研究背景是乡村振兴战略的提出及数字化技术的快速发展，数字化对乡村发展提供了新的机遇与挑战，通过探讨乡村振兴背景下的数字化需求、农村电商平台的建设与运营、城乡产品流通模式的转变及农村电商的可持续发展路径等议题，旨在为数字乡村建设提供创新思路和实践价值。研究目的是通过对数字化物流与供应链管理、农村电商人才培养与管理，城乡融合与农业现代化及农产品走出去与城里产品引进来等议题的探讨，为数字乡村建设提供有效的指导和支持。通过政策优化与路径支持的研究为政府决策提供参考，推动数字乡村建设的顺利实施。

本书的研究内容涵盖了乡村振兴与数字化战略的各方面，如数字化物流网络规划与建设，农村物流体系的优化和整合，物流信息化和智能化技术的应用等，还涉及农村电商人才需求与培养模式，电商人才的政策支持和实践及农产品供应链人才培养等议题，为农村电商人才培养与管理提供有益的思考。本研究意义和价值在于，提供了数字乡村建设的创新路径和实践经验，对促进乡村振兴战略的实施具有重要意义。通过深入研究城乡融合与农业现代化、农村产品走出去与城里产品引进来等议题，拓展了乡村振兴的思路，促进了乡村经济的发展和农村居民生活水平的提高，还为政府制定相关政策和措施提供了参考，推动数字乡村建设向更高水平发展。

本书收集了来自学术界、政府和企业的丰富资料并进行深入分析和探索，希望本书的研究成果能够对乡村振兴和数字乡村建设的实践具有积极的推动作用，并为相关领域的研究者、决策者和实践者提供有价值的参考和借鉴。

作者

2024 年 7 月

目　录

第一章 乡村振兴与数字化战略

第一节 乡村振兴背景与数字化需求

一、农村经济转型背景与挑战

农村经济转型正面临诸多挑战，其中包括传统农业模式下的诸多问题、农村产业结构调整的需求与困境、农村人口结构变化与劳动力转移压力及生态环境保护与可持续发展的挑战。这些挑战不仅影响着农村经济的发展方向，也牵动着农民的生活和未来，因此，深入了解并有效应对这些挑战至关重要，应对挑战才能促进农村经济的可持续发展。

（一）传统农业模式下的挑战与问题

传统农业模式面临多方面挑战和问题：首先，传统农业生产方式下的农民依赖天时地利人和，对气候、土壤等自然条件较为敏感，容易受自然灾害的影响。其次，传统农业生产方式下的劳动生产率较低，农业劳动力的收益水平不高，难以吸引年轻人从事农业生产导致农村劳动力不足。再次，传统农业模式下的农产品供给过剩，市场竞争激烈，农产品价格波动大，农民收入不稳定。最后，传统农业生产方式对环境的影响较大，农业化肥、农药的大量使用导致土壤质量下降，水源污染等环境问题日益突出。

（二）农村产业结构调整的需求与困境

农村产业结构调整是农村经济转型的重要内容，但也面临着一些需求与困境。农村产业结构调整需求体现在农村经济结构单一、产业附加值低、产业链条短等问题上。为了实现农村产业结构调整，需要通过培育新的农业产业、发展现代服务业、促进农村非农业就业等途径，加快农村经济结构的转型升级。然而，农村产业结构调整面临着资金、技术、市场等多方面的困境。一方面由于农村资金、技术、市场等要素相对匮乏，农村产业结构调整受到一定的制约；另一方面由于农村产业结构调整涉及多方面的改革和创新，需要政府、企业、农民等多方合力推动，因此在实际操作中面临一定的困难和挑战。

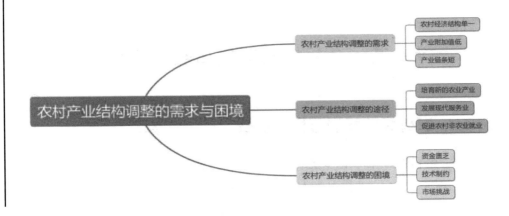

图 1-1-1　农村产业结构调整的需求与困境思维导图

（三）农村人口结构变化与劳动力转移压力

随着城市化进程的加速和农村现代化的推进，农村人口结构发生了显著变化，其中劳动力向城市转移是一大趋势。年轻人纷纷离开农村寻求城市更广阔的发展空间，导致农村劳动力短缺，给农村经济带来了巨大压力。农村劳动力减少意味着农业生产力受限导致农产品供应不足，进而影响市场稳定和农民收入。随着老龄化问题的凸显，农村社会保障面临严峻挑战。缺乏完善的养老服务体系，老年人口的生活质量受到影响，而这也影响了劳动力的转移。因此，农村需要加强对老年人口的养老服务和保障，促进农村社会保障体系的建设，以应对劳动力转移和老龄化带来的双重压力，确保农村经济的可持续发展。

表 1-1-1　农村人口结构变化与劳动力转移压力行动方案及措施

行动方案	具体措施
促进农村劳动力吸引力	提升农村就业环境，改善劳动条件。加强农村职业培训，提高劳动力技能水平。推动农村创业与就业政策的落实，吸引年轻人回流农村创业就业

行动方案	具体措施
优化农村社会保障体系	建立健全农村养老服务体系，加强农村医疗保障，完善农村社会救助制度
支持农村产业发展	通过政策扶持加大对农业现代化的投入，提高农业生产效率。建设农村产业园区吸引投资和就业，增加农村的经济活力。发展特色农产品产业，增加农民收入
推动农村文化建设	宣传农村发展的机会和成果，增强农民参与乡村振兴的积极性，组织各类文化活动，提升农民的文化素质和幸福感
强化城乡融合发展	加强城乡基础设施的建设，提供优质公共服务，鼓励城市企业支持农村产业发展，开展技术合作和合资合作项目，加强城乡交流与合作促进资源共享与互利共赢

（四）生态环境保护与可持续发展的挑战

传统农业生产模式所带来的环境问题对农村可持续发展构成了严峻挑战，长期以来，农业化肥和农药的过度使用导致土壤质量的下降和水源污染等问题日益突出。这些问题不仅直接影响了农业生产的效率和质量，也威胁到了农村生态环境的健康及农民的生活质量和健康状况。为了应对这一挑战，农村经济转型必须将生态环境保护置于重要位置，需要推动农业生产方式的转变，减少对化肥和农药的依赖，提倡有机农业和生态农业，以减少对土壤和水资源的污染，提高农产品的品质和安全性。要加大对生态环境的保护和修复力度，通过植树造林、水土保持等措施，改善农村的生态环境，提升农民的生活品质。在推动农村经济转型的过程中，政府和相关部门需要制定和实施更加严格的环境保护政策和法规，加强对农业生产过程中环境污染的监管和治理，还需要加强农民的环境保护意识和能力，提高他们对生态环境的认识，增强保护意识。

在传统农业模式下农村面临着诸多挑战，包括气候和自然灾害的影响、劳动生产率低、农产品供给过剩、环境污染等问题。农村产业结构调整受到资金、技术、市场等方面的困境制约，劳动力向城市转移和老龄化问题也给农村经济带来了双重压力，而生态环境保护与可持续发展的挑战更是摆在了农村经济转型的关键位置。因此，必须采取有效的政策和措施，推动农村经济转型，实现农村的可持续发展。

二、数字化对乡村振兴的重要意义

数字化技术在当今社会中扮演着越来越重要的角色，尤其是在乡村振兴方面其意义更加突出。这里主要探讨数字化技术在乡村振兴中的重要意义，包括其在农业生产、经济多元化发展、基础设施建设及居民生活品质提升等方面的作用，旨在展现数字化技术对乡村振兴的深远影响。

（一）数字化技术在农业生产中的应用与效益

数字化技术在农业生产中的应用已经带来了显著的效益。例如农业物联网技术可以实现对农作物生长环境的实时监测和控制，农民可以通过智能设备获取土壤湿度、温度等信息从而精准调控农作物生长，提高农产品产量和质量。无人机、遥感技术等可以用于农田的勘测和农作物的植保，大大提高了农业生产的效率。数字化技术的应用不仅提升了农业生产的效率和质量，还能够降低农民的劳动强度，促进农村经济的发展。

（二）促进农村经济多元化发展与增加附加值

数字化技术的应用为农村经济的多元化发展提供了新的契机，通过电子商务平台，农民可以直接将自己的农产品销售给城市消费者，降低销售成本的同时也能获得更高的销售价格，增加了农产品的附加值。这种销售模式不仅带来了更高的收入，也改善了农民的销售渠道，提高了销售的效率。数字化技术还可以促进农村旅游、农村电商等产业的发展。农民可以通过建设乡村民宿、开展乡村体验活动等方式吸引游客，推动乡村旅游的发展，增加农民的收入来源。农村电商平台的建设为农产品的销售提供了新途径，带动了农村电商、物流等相关行业的发展，为农村经济注入了新的活力。数字化技术的应用促进了农村经济的多元化发展，增加了农产品的附加值，为农村经济的健康发展提供了有力支撑。

（三）提升农村基础设施建设水平与服务质量

数字化技术的应用给农村基础设施建设和服务提质增效带来了新的机遇，通过数字化技术，农村基础设施可以实现智能化管理。例如智能水务系统可以监测水质和管网运行情况，及时发现和解决问题，确保农民用水安全和供水稳定。智能电网系统可以实现对电力的精准分配和调控，提高供电的可靠性和稳定性。数字化技术也有助于优化农村交通和物流，提高农村居民的生活品质。通过智能交通管理系统和物流信息化平台，农村居民可以更便捷地出行和运输货物，缩短交通时间来促进农村产业的发展。数字化技术的应用提升了农村基础设施建设水平和服务质量，为农村经济的发展和农民生活的改善提供了重要支撑。

表 1-1-2　提升农村基础设施建设水平与服务质量观点总结

观点	具体说明
智能水务系统	监测水质和管网运行情况，及时发现和解决问题，确保农民用水安全和供水稳定
智能电网系统	实现对电力的精准分配和调控，提高供电的可靠性和稳定性
智能交通管理系统	优化农村交通，提高出行便利性，缩短交通时间，降低运输成本
物流信息化平台	提供便捷的物流信息服务，促进农村产业的发展，提高农产品的流通效率

(四) 增强农村居民生活品质与幸福感

数字化技术的普及给农村居民带来了全新的生活体验，显著提升了农村居民的生活品质和幸福感。通过手机 App 等数字化平台，农村居民可以便捷地购买农产品、了解市场行情、查询天气预报等信息，这不仅节省了时间和精力，还拓宽了购物渠道，提高了购物的便利性和满意度。数字化技术的应用促进了农村教育和医疗等公共服务的提升，通过远程教育平台和在线医疗服务，农村居民可以接受到更优质的教育资源和医疗服务，弥补了农村教育医疗资源不足，提高了生活质量和健康水平。数字化技术的应用给农村居民带来了更加便捷、高效的生活方式，增强了获得感和幸福感，为实现乡村振兴和全面建成小康社会注入了新的动力。

数字化技术的广泛应用为乡村振兴注入了新的活力和动力，从农业生产的效率提升到农村经济的多元化发展，再到基础设施建设和居民生活品质的提升，数字化技术都发挥着不可替代的作用。通过数字化技术的运用，农民的生产方式得到了革新，农村经济实现了跨越式发展，基础设施水平和服务质量得到了提升，农村居民的生活变得更加便捷舒适。因此，数字化技术对推动乡村振兴、建设小康社会具有重要而深远的意义。

三、乡村数字化发展现状分析

在当前数字化潮流的推动下，农村地区也在逐步走向数字化发展的道路。本文将对乡村数字化的现状进行分析，包括数字基础设施建设、农村数字经济发展、数字技术在农业中的应用及农村居民对数字化生活的接受程度和需求状况进行探讨，以期深入了解农村数字化发展的特点和趋势。

（一）数字基础设施建设与普及水平

目前我国农村数字基础设施建设取得了长足进步，但仍存在一定的问题。在数字基础设施方面农村地区的宽带网络覆盖率逐步提高，但与城市相比仍比较落后。部分偏远地区的网络覆盖仍然不足，影响了数字化应用的推广和普及，农村地区的数字化设备普及率相对较低，一些农民仍缺乏使用数字设备的技能和意识。然而，随着政府和企业的不断投入及农村居民对数字化生活的需求不断增加，数字基础设施建设和普及水平逐步提升。

（二）农村数字经济发展现状与特点

农村数字经济发展呈现出蓬勃的态势，其规模不断扩大，涵盖了诸如农产品电商、农村旅游、数字化农业等多个领域，这种多元化的发展有助于促进农村经济结构的优化和升级，提升农民收入水平。农村数字经济具有较强的地域特色，不同地区发展的重点和特点各不相同，根据当地资源和市场需求进行差异化发展有利于形成特色产业。然而农村数字经济的发展也面临着一些挑战，如数字鸿沟问题，即一些偏远地区的数字化水平仍然较低，导致部分农民无法充分享受数字经济带来的便利。农村数字经济发展还受到人才短缺等因素的制约，需要政府、企业和社会各界共同努力，加强人才培养和技术支持，推动农村数字经济持续健康发展。

（三）数字技术在农业生产、管理和销售中的应用情况

数字技术在农业生产、管理和销售中的应用已经成为现代农业发展的重要推动力量。在生产方面，农民通过物联网技术可以实现对土壤湿度、温度等环境因

素的实时监测和控制，从而精准施肥、灌溉，提高了农作物的产量和质量。例如利用传感器监测土壤湿度，农民可以根据土壤湿度变化情况精确调整灌溉量，避免浪费水资源，提高了灌溉效率。在管理方面，大数据分析为农产品市场需求提供了重要参考，农村可以根据市场需求调整种植结构，提高农产品的市场竞争力。例如通过分析历史销售数据和市场趋势，农民可以合理安排种植作物确保产销对接，避免产销不畅的情况发生。在销售环节，农村电商平台为农产品销售提供了便利的渠道，农民可以通过线上平台直接与消费者进行交易，省去了中间环节，并降低了销售成本，提高了销售效率。例如一些农产品电商平台提供了农产品展示、在线支付、物流配送等一站式服务，方便了消费者购买农产品的同时，也促进了农民的销售。数字技术在农业生产、管理和销售中的应用已经取得了显著成效，为农业现代化进程注入了新的活力。

图 1-1-2 数字技术在农业生产、管理和销售中的应用情况阶段

（四）农村居民对数字化生活的接受程度和需求状况

农村居民对数字化生活的接受程度和需求状况呈现出逐步增加的趋势，随着信息技术的普及和农村生活水平的提高，越来越多的农民开始认识到数字化生活

方式的便利和重要性。居民逐渐意识到数字技术可以为他们提供更广泛的信息获取渠道，如通过智能手机和互联网获取天气预报、农业市场行情等信息，帮助农民做出更明智的决策。随着电子商务的兴起，农村居民也开始欣然接受在线购物、支付等数字化消费方式，享受到了更便捷、高效的购物体验，然而尽管数字化生活带来了诸多便利，一些农村居民对数字技术的理解和应用仍存在一定的局限性，例如年长者或教育程度较低的农民对数字设备的操作和应用不够熟练，导致在数字化生活中遇到一些困难。因此，需要进一步加强对农村居民的数字化技能培训和普及工作，提升数字化生活水平，让更多的农村居民能够充分享受到数字化生活带来的便利和机遇。

农村数字化发展在基础设施建设、经济发展、农业生产管理和居民生活等方面都取得了积极的进展，尽管在数字基础设施和数字技术应用上仍存在一些挑战和不足，但随着政府和企业的投入及农民对数字化生活的认可和需求增加，农村数字化发展的前景是充满希望的。为了更好地推动乡村数字化进程，需要进一步加强基础设施建设，促进数字经济多元化发展，提升农业生产管理水平，并加强对农村居民的数字化技能培训，让更多农村居民能够享受到数字化生活带来的便利和机遇。

四、数字化战略与乡村振兴的契合点

数字化技术在当今社会发展中扮演着重要角色，特别是在乡村振兴过程中，数字化战略与农村发展密不可分。这里主要探讨数字化技术与乡村振兴的关系，分析数字化技术与农村产业结构优化、人口结构变化与劳动力转移、生态环境保护可持续发展及农村社会治理与公共服务的契合点，旨在揭示数字化战略对乡村振兴的积极影响和推动作用。

（一）数字化技术与农村产业结构优化的契合点

数字化技术与农村产业结构优化密切相关，通过数字化技术的应用，农村地区可以更加精准地了解市场需求和资源配置情况，有针对性地调整产业结构，实现农村经济的转型升级。例如利用大数据分析农产品市场需求趋势，农民可以调整种植结构，优先发展市场需求旺盛的优质农产品，从而提高农产品的附加值和竞争力。数字化技术还可以促进农业产业链的延伸和提质增效。例如农产品电商平台为农产品销售提供了新渠道，农民可以直接与消费者进行交易，减少中间环节并增加农民收入，进而推动农村产业结构优化和升级。

表 1-1-3　数字化技术与农村产业结构优化的契合点实施方案

措施	具体说明
大数据分析农产品市场需求	建立农产品市场信息平台，收集和整合市场需求数据。运用大数据分析技术，精准预测市场需求趋势。提供给农民相应的市场信息和指导，引导调整种植结构
提供数字化农业技术培训	为农民提供数字化农业技术培训，使其能够灵活运用数字化技术。培训内容包括智能农机操控、无人机作业、精准施肥等技术的应用。培养农民的数字化农业意识和技能，提高农业生产效率
推广农产品电商平台	支持建设和推广农产品电商平台，为农民提供直接与消费者交流的渠道。建立农产品质量标准和认证体系，确保农产品质量和安全。吸引消费者对于地方特色农产品的关注，提高农产品的市场竞争力
支持创新农业合作模式	鼓励农民合作社和农业企业利用数字化技术合作，推动产业链的延伸和升级。通过合作模式，实现农产品的加工、包装、配送等环节的提质增效。提供创新的合作机制和金融支持，激发农民参与合作的积极性

（二）数字化解决农村人口结构变化与劳动力转移的契合点

随着城市化进程的不断推进，农村人口结构发生了深刻变化，劳动力转移成为当今农村面临的重要挑战。数字化技术的广泛应用为解决这一问题提供了新的途径和机会，通过数字化农业技术的普及和推广，农村劳动力可以接受系统化的培训，学习先进的农业生产技能从而提高他们在农村就业市场上的竞争力，吸引更多年轻人回乡从事农业生产或创业。例如智能农机的运用使得农业生产更加高效，自动化设备的使用减轻了劳动强度，这些都吸引更多的年轻人投身于农村劳动力市场。数字化技术还为农村劳动力提供了远程办公和就业机会，减轻了他们迁徙到城市工作的压力。通过远程办公使农村居民可以在家中从事互联网相关的工作，不仅增加了就业机会，也提升了生活品质。这种数字化带来的就业机会不仅促进了农村劳动力的转移，也缓解了城市就业压力，实现了农村和城市之间的人口流动和资源配置的良性循环。

（三）数字化与生态环境保护可持续发展的契合点

数字化技术与生态环境保护的契合点体现在多方面，通过数字化监测和管理农业生产过程可以实现对资源利用情况和环境影响的精准监测和控制。例如利用物联网技术监测土壤湿度、温度等环境因素，农民可以更精准地施肥、灌溉，从而减少化肥、农药的使用量，降低土壤和水体污染，促进土壤健康和生态平衡。数字化技术为农村清洁能源利用和可再生能源发展提供了新的机遇。例如智能化的农业设备可以采用清洁能源，如太阳能或风能，降低对化石能源的依赖，减少碳排放，有助于提高空气质量和减缓气候变化。数字化技术还可以促进农村能源结构的优化，推动生物质能、生物气能等可再生能源的发展，实现能源供应的多样化和可持续发展。因此，数字化与生态环境保护的结合不仅可以减少农业活动对环境的负面影响，还可以促进农村经济的绿色转型，实现生态环境与经济发展的良性循环。

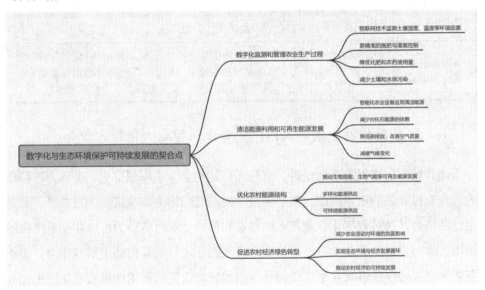

图 1-1-3   数字化与生态环境保护可持续发展的契合点思维导图

（四）数字化战略农村社会治理与公共服务的契合点

数字化战略与农村社会治理与公共服务的契合点体现在多方面。数字化技术的应用能够实现农村社会管理的信息化和智能化。通过建设数字化社区平台，政府可以实现对农村居民信息的集中管理，包括人口信息、社区设施、公共安全等方面的数据，从而提高了信息的共享和管理效率，加强了对社会治理的监控和管理能力。数字化技术提升了政府决策的科学性和精准性。通过数据分析和人工智能技术，政府能够更准确地了解农村社会发展的需求和问题，制定更科学、更精准的政策和措施，提高政府治理的效率和水平。数字化技术还能够为农村居民提供更便捷、高效的公共服务。例如通过远程医疗、在线教育等方式，农村居民可以享受到城市居民同等水平的医疗和教育资源，满足农村居民多样化的需求，提高其生活质量和幸福感。因此，数字化战略对于改善农村社会治理和提升公共服务水平具有重要意义，能够促进农村社会的稳定发展和居民生活的全面提升。

数字化技术与乡村振兴密切相关，体现在多方面。数字化技术有助于优化农村产业结构，提升农产品附加值和竞争力；数字化技术促进农村人口结构调整和劳动力转移，缓解城市化压力；数字化技术与生态环境保护相结合，推动农村经济绿色发展；数字化战略提升农村社会治理和公共服务水平，提高居民生活质量。数字化技术的不断应用为乡村振兴注入新动力，推动农村全面发展。

第二节　农村电商平台建设与运营

一、农村电商平台类型与特点

随着互联网技术的飞速发展，农村电商平台正成为推动农村经济发展和乡村振兴的重要力量。不同类型的农村电商平台呈现出多样化的特点和优势，包括农产品电商平台、乡村综合电商平台及农村电商扶贫平台等。这些平台不仅满足了农产品销售的需求，还为农村居民提供了多样化的服务和消费选择，促进了农村经济的发展和农民收入的增加。

（一）不同类型农村电商平台的介绍与比较

在农村电商平台可以分为多种类型，包括农产品电商平台、乡村综合电商平台、农村电商扶贫平台等。农产品电商平台以农产品销售为主要业务，例如农特产品电商平台、农副产品电商平台等，致力于帮助农民将农产品直接销售给消费者。乡村综合电商平台则不仅包括农产品销售，还涉及乡村生活服务、乡村旅游等多方面，为农村提供全方位的电商服务。农村电商扶贫平台则专注于扶贫产品的销售，通过电商平台为贫困地区的农民提供销售渠道，帮助农民增加收入。不同类型的农村电商平台在服务对象、业务范围和发展目标上有所差异，但都旨在促进农村经济发展和农民增加收入。

（二）农村电商平台的特点及优势分析

与城市电商平台相比，农村电商平台面向农村地区，具有更深入的农产品资源和农业产业链资源，能够更好地满足农产品需求。农村电商平台可以帮助农民打破地理限制，实现线上销售，扩大销售范围，提高农产品的市场覆盖率。农村电商平台为农村居民提供了便利的购物渠道和多样化的商品选择，提升了消费体验和生活品质。农村电商平台还能够促进农村经济的发展，推动农民就业增收，助力乡村振兴战略的实施。

表 1-2-1 农村电商平台的特点及优势分析观点总结

特点和优势	具体说明
农产品资源和产业链资源	农村电商平台有深入的农产品资源和农业产业链资源，可以满足农产品需求
打破地理限制	农村电商平台帮助农民实现线上销售，扩大销售范围，提高农产品的市场覆盖率
便利的购物渠道和多样化商品选择	农村电商平台为农村居民提供便利的购物渠道，让农民可以享受多样化的商品选择，提升消费体验和生活品质
促进农村经济发展	农村电商平台推动农民就业增收，促进农村经济的发展，助力乡村振兴战略的实施

（三）农村电商平台的服务对象和定位策略

农村电商平台的服务对象涵盖了农村社会的各个层面，包括农民、农村居民及农产品生产加工企业等。针对不同的服务对象，农村电商平台需要制定相应的定位策略以满足其需求。对于农民和农产品生产加工企业，农村电商平台可以提供农产品销售、订单配送等服务，帮助他们实现农产品的线上销售和配送，从而拓展销售渠道，提高销售效率；而针对农村居民，农村电商平台可以提供农副产品购物、生活服务及乡村旅游等多种服务，满足其日常生活和消费需求。通过合理制定定位策略，农村电商平台能够更好地服务不同群体，提升用户体验，增强市场竞争力，从而实现可持续发展。

表 1-2-2　农村电商平台的服务对象和定位策略观点总结

服务对象	定位策略
农民	提供农产品销售平台，帮助农民实现线上销售。提供订单配送服务，方便农民将产品送达消费者手中
农产品生产加工企业	提供线上销售渠道，拓展销售范围。提供订单管理和配送服务，提高销售效率
农村居民	提供农副产品购物平台，满足农村居民的日常需求。提供生活服务，如生鲜配送、家政服务等。拓展乡村旅游业务，提供相关旅游产品和服务

(四) 农村电商平台的发展趋势与未来展望

随着互联网技术的日益成熟和普及，农村电商平台正迎来蓬勃发展的机遇。未来农村电商平台有望实现与城市电商平台的深度融合，形成全方位、立体化的电商生态体系。这意味着农村电商不仅局限于农产品销售，还涉及农村生活服务、农村旅游、乡村文化产品等多个领域，为农民和农村居民提供更多元化的服务和消费选择。随着农村消费水平的提升和消费观念的转变，农村电商平台的用户群体不断扩大，吸引更多的消费者参与到农村电商的交易中来。这为农村电商平台带来更加稳健的用户基础和持续增长的发展动力。因此，农村电商平台具有广阔的发展前景，成为推动乡村振兴和农村经济发展的重要推手，为实现农村全面发展和乡村振兴战略注入新的活力和动力。

农村电商平台作为农村经济发展的重要组成部分，具有广阔的发展前景和深远的影响。随着技术的不断进步和消费观念的转变，农村电商平台实现与城市电商平台的深度融合，构建起全方位、立体化的电商生态体系。未来农村电商平台不仅局限于农产品销售，还涉及农村生活服务、农村旅游、乡村文化产品等多个领域，为农民和农村居民提供更丰富的服务和消费选择。这进一步推动乡村振兴和农村经济的全面发展，为实现农村的全面振兴战略注入新的活力和动力。

二、电商平台搭建与技术选择

随着信息技术的快速发展和农村经济的转型升级，农村电商平台逐渐成为推动农村经济发展的重要力量。然而，要构建一个稳定、安全、高效的农村电商平台并非易事，需要经历一系列复杂的流程和步骤及精心选择合适的技术和策略。

本文将探讨农村电商平台搭建的基本流程和步骤、常用的技术选择及其特点分析、安全性与稳定性保障措施及运营与维护管理策略，旨在为农村电商平台的建设提供指导和参考。

（一）农村电商平台搭建的基本流程和步骤

农村电商平台的搭建过程通常包括以下基本流程和步骤：主要是需求分析和规划阶段，确定电商平台的业务范围、功能需求、目标用户群等；其次是技术选型和平台架构设计，选择适合的技术栈和平台架构，包括前端开发、后端开发、数据库选型等；然后是平台开发和系统搭建阶段，根据需求和设计方案进行开发和搭建；再次是测试和优化阶段，对已开发的平台进行功能测试、性能测试等并进行相应的优化改进；最后是上线和运营阶段，开发完成的平台上线运营并进行后续的维护和更新。例如某农村电商平台在搭建初期进行了市场调研和需求分析，确定了平台主要服务对象、业务范围和功能需求。然后选择了一套成熟的电商平台解决方案作为技术基础，并根据需求进行了定制化开发。开发完成后，平台经过了多轮测试和优化，确保了系统的稳定性和安全性。

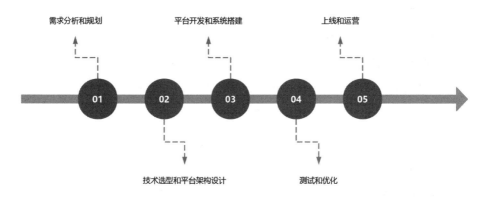

图 1-2-1　农村电商平台搭建的基本流程图

（二）常用的农村电商平台搭建技术及其特点分析

在农村电商平台的搭建过程中，常用的技术包括前端开发技术（如 HTML、CSS、JavaScript）、后端开发技术（如 Java、Python、PHP 等）、数据库技术（如 MySQL、MongoDB 等）、框架技术（如 Spring　Boot、Django 等）、云计算技术（如

AWS、阿里云等）等。这些技术各有特点，可以根据项目需求和开发团队的实际情况进行选择和应用。例如某农村电商平台选择了 Spring Boot 作为后端开发框架，采用了 MySQL 作为数据库技术，使用了 React 作为前端开发框架。这样的技术组合在提供高性能和稳定性的同时，也具有良好的扩展性和可维护性，能够满足平台的需求并支持未来的发展。

（三）电商平台的安全性与稳定性保障措施

为确保农村电商平台的安全性和稳定性，平台开发者需要采取一系列有效的保障措施。数据安全方面，采用 SSL 等加密技术，保障用户数据在传输过程中的安全性并建立完善的权限控制系统，限制用户的访问权限，防止未经授权的信息获取。系统安全方面，加强服务器和数据库的防护，定期进行安全漏洞扫描和修复，确保系统的稳定性和安全性。建立安全审计机制，监控用户操作行为，及时发现和阻止异常行为。建立定期的数据备份和紧急恢复机制，以应对突发情况和数据丢失风险。加强系统监控和异常处理，及时发现并解决系统故障和异常情况，确保平台的稳定运行和用户体验。例如某农村电商平台在系统搭建过程中采用了 SSL 加密技术，确保用户数据的安全传输，建立了严格的权限控制系统，限制用户权限，防止数据泄露和篡改。他们定期对系统进行安全漏洞扫描和修复，建立了紧急备份和恢复机制，以保障系统的稳定性和安全性。他们还建立了 24/7 的系统监控和异常处理团队，及时响应并解决系统故障和异常情况，确保平台的正常运行。

（四）农村电商平台的运营与维护管理策略

农村电商平台的运营与维护管理策略是确保平台长期稳定运行和持续发展的关键，这些策略包括内容更新与推广、客户服务与用户体验、技术支持与维护等方面。在内容更新与推广方面，农村电商平台需要定期更新商品信息、优惠活动等内容，以保持平台的新鲜度和吸引力。通过 SEO 优化、社交媒体推广、线下宣传等方式，扩大平台的知名度和用户群体，吸引更多的用户访问和购买。在客户服务与用户体验方面，农村电商平台需要建立完善的客户服务体系，及时回应用户的咨询和投诉并提供个性化的服务。优化用户界面和交互体验，简化购物流程，提升用户的购物体验和满意度。在技术支持与维护方面，农村电商平台需要建立专业的技术团队，负责系统的监控、维护和更新，及时处理系统故障和漏洞，保障平台的稳定性和安全性。

农村电商平台的搭建不仅是一个技术问题，更是一项综合性工程，需要综合考虑市场需求、技术选择、安全保障、用户体验等诸多因素。在基本流程和步骤中，需求分析、技术选型、平台开发、测试优化、上线运营是不可或缺的环节。常用的技术包括前端开发、后端开发、数据库技术、框架技术等，每种技术都有其独特的特点和适用场景。为确保平台的安全性与稳定性，需要采取一系列的安全措施，包括数据加密、权限控制、系统防护、备份恢复等。而在平台运营与维护方面，则需要注重内容更新与推广、客户服务与用户体验、技术支持与维护等方面的工作，以保持平台的竞争力和持续发展。农村电商平台的搭建与运营是一项复杂而又充满挑战的任务，需要各方共同努力，才能取得长远的成功与发展。

三、农产品营销策略与渠道拓展

在当今竞争激烈的农产品市场中，制定并实施有效的营销策略及拓展多样化的销售渠道至关重要。这里主要探讨农产品营销策略的制定与实施、品牌建设与推广策略、线上线下融合营销策略及渠道拓展与销售渠道的多样化，以帮助农产品企业实现销售增长和市场扩张。

（一）农产品营销策略的制定与实施

制定和实施农产品营销策略是农产品企业成功的关键之一，企业需要进行市场调研，了解目标市场的需求、竞争情况和趋势，基于这些信息制定有针对性的营销策略。例如针对有机农产品市场的增长趋势，企业可以制定以有机认证、健康营养为主打的营销策略。确定产品定位和价值主张，突出产品的独特性和优势，吸引目标客户群体。例如一家农产品企业自家产品定位为高品质、原生态的绿色食品，并通过品牌建设和推广，强调产品的独特性和优越性。选择合适的营销渠道和推广手段，结合线上线下资源进行全方位的宣传和推广，提升产品的市场知名度和销售量。

表 1-2-3　农产品营销策略的制定与实施行动方案及措施

方案	具体措施
市场调研	了解目标市场的需求、竞争情况和趋势。分析目标客户群体，确定目标市场和市场细分
制定营销策略	根据市场调研结果制定有针对性的营销策略，如有机农产品市场的增长趋势，制定以有机认证、健康营养为主打的营销策略。确定产品定位和价值主张，突出产品独特性和优势，吸引目标客户群体
选择营销渠道	结合目标市场和产品特点选择合适的营销渠道，包括线上和线下渠道。在线上渠道中建设和运营官方网站、电商平台等，提供方便快捷的购买渠道。在线下渠道中与零售商、超市和餐饮企业等建立合作关系，拓展产品销售网络
推广和宣传	运用适合目标市场的推广手段和宣传方式，如广告、宣传册、社交媒体等。开展促销活动，如折扣、赠品或特别活动，提升产品知名度和吸引力
建立客户关系	保持与客户的沟通和互动，提供优质的售后服务回应客户的反馈和需求

（二）农产品品牌建设与推广策略

农产品品牌建设与推广是农业企业在市场中站稳脚跟、获得消费者认可的关键，一种有效的策略是通过塑造独特的品牌形象、故事和文化来吸引消费者。例如一家农产品企业位于特定的地区，拥有独特的种植技艺和传统。利用这些特色作为品牌故事的基础，企业可以打造一个深受消费者喜爱的品牌形象。通过讲述这些故事并将其与企业的价值观和使命相结合，可以增加消费者对品牌的认知度和好感度。企业还可以利用线上社交媒体和电商平台等渠道进行品牌推广，通过在社交媒体上发布有关品牌故事、产品特点和消费者见证的内容可以增强品牌的曝光度和影响力。利用电商平台进行产品展示和销售可以扩大产品的市场覆盖范围，吸引更多潜在客户。

表 1-2-4　农产品品牌建设与推广策略观点总结

观点	具体说明
塑造独特品牌形象	利用农产品企业的特色和传统，打造一个独特的品牌形象。强调企业的核心价值观和使命，与消费者分享品牌故事和信念
整合品牌推广渠道	借助线上社交媒体平台，发布品牌故事、产品特点和消费者见证的内容，增加品牌曝光度。在电商平台上展示和销售产品，扩大市场覆盖范围
增加消费者参与度	鼓励消费者参与品牌活动，如线上投票、评论互动等。与消费者建立稳固的互动和沟通关系，增加品牌认同感

观点	具体说明
不断优化品牌形象	定期评估品牌形象和推广效果，根据市场变化和消费者需求调整和优化品牌推广策略。通过市场调研了解消费者偏好和趋势，确保品牌与时俱进

（三）农产品线上线下融合营销策略

农产品企业在实施线上线下融合营销策略时，需要综合考虑多方面因素以确保有效性和成功。建立一个易于使用和吸引消费者的线上销售平台至关重要，这可以是企业自己的官方网站，也可以是在知名电商平台上开设的专区。通过在线平台，企业可以扩大产品的市场覆盖范围，吸引更多潜在客户并提升销售效率。与线上销售平台相辅相成的是线下实体店铺或农产品展销会等形式，这些线下场所提供了消费者与产品互动的机会，增强了购买体验和品牌认知度。通过在地方农产品展销会等活动中积极参与，企业可以直接接触到目标客户群体进行产品展示和销售，收集反馈和建立更紧密的关系。成功的线上线下融合营销策略需要注意统一的品牌形象和营销信息，无论是在线平台还是线下实体店铺都应该体现出企业的品牌特色和核心价值观，以确保消费者对品牌的一致性认知。

（四）渠道拓展与农产品销售渠道的多样化

渠道拓展对农产品企业的发展至关重要，它能够帮助企业实现销售增长、市场扩张及降低销售风险。多样化的销售渠道不仅可以增加产品的销售范围，还可以降低企业对单一渠道的依赖，提高市场适应能力。合作社是一个有效的销售渠道，通过与当地合作社合作，农产品企业可以直接与种植者或养殖户合作，获取稳定的原材料供应，并且可以通过合作社产品推广至更广泛的市场。农产品电商平台是另一个重要的销售渠道，通过在电商平台上开设线上销售渠道，企业可以覆盖更广泛的消费群体，尤其是那些无法到实体店购买的消费者，提高产品的曝光度和销售额。超市和餐饮行业也是农产品企业可以考虑的销售渠道，与超市合作可以使产品更容易被消费者发现和购买；而与餐饮行业合作则可以产品作为原材料供应给餐厅，拓展销售渠道的同时，也提高了产品的使用率和消费者对产品的认知度。

农产品企业在制定营销策略时应该深入市场调研，确定目标市场需求，明确产品定位和价值主张并选择合适的营销渠道和推广手段。品牌建设与推广是获取消费者认可的关键，通过塑造独特的品牌形象和故事及利用线上社交媒体和电商平台进行推广可以提升品牌影响力。线上线下融合营销策略可以扩大产品市场覆盖范围并提升销售效率和购买体验；而多样化的销售渠道则可以降低企业对单一渠道的依赖，提高市场适应能力，例如通过合作社、农产品电商平台、超市和餐饮行业等渠道拓展销售。

四、乡村电商生态圈建设与运营模式探索

乡村电商生态圈的建设与运营模式是当前乡村振兴战略中的重要一环，通过整合乡村资源、促进农村经济发展，乡村电商生态圈旨在实现农民增收致富和乡村振兴的目标。这里主要探讨乡村电商生态圈建设的基本理念、各参与主体的角色与职责、运营模式及其特点及在发展过程中所面临的挑战和所应采取的应对策略。

（一）乡村电商生态圈建设的基本理念与实践案例

乡村电商生态圈建设旨在通过整合乡村资源、促进农村经济发展，实现农民增收致富和乡村振兴的目标。其基本理念是通过电子商务平台，乡村特色产品与城市消费者进行连接，打破传统的地域限制，实现农产品的跨地域销售。例如中国的农村淘宝就是一个成功的案例，通过建立线上平台，将农村特色产品销售到全国各地，带动了当地农民的收入增长并促进了乡村经济的发展。

（二）乡村电商生态圈中各参与主体的角色与职责

在乡村电商生态圈中，各参与主体扮演着不同的角色、承担着特定的职责，共同促进乡村电商的发展和壮大。农民作为生产者是乡村电商生态圈的重要组成部分，他们负责种植或养殖高质量的农产品确保产品的品质和供应。电商平台充当连接农产品与消费者的桥梁，提供销售渠道和技术支持，帮助农产品实现线上销售，拓展市场，增加销售额。物流企业在乡村电商生态圈中承担着重要的配送角色，负责农产品从生产地快速、安全地送达消费者手中，保障了产品的及时性和完整性。政府作为监管者和推动者，提供政策支持和扶持措施，促进乡村电商生态圈的健康发展，推动乡村经济的繁荣。各参与主体共同协作，形成了一个良性循环的乡村电商生态系统，推动了农村经济的发展和农民收入的增加。

（三）乡村电商生态圈的运营模式及其特点分析

乡村电商生态圈的运营模式多样，主要包括 B2C、C2C 和 O2O 模式。在 B2C 模式中，电商平台直接向消费者销售农产品，消费者可以在平台上浏览、选择并购买各种农产品，从而实现农产品的快速销售和配送。而 C2C 模式则是农民个人在电商平台上销售自己的产品，农民可以通过注册账号，上传自己种植或养殖的农产品，直接与消费者进行交易，省去了中间环节，提高了利润空间。O2O 模式将线上平台和线下实体店结合起来，通过线上平台引流，吸引消费者到线下实体店进行体验和购买，提升了消费者的购物体验和信任感。这些运营模式的特点在于，整合了乡村资源，打破了地域限制，为农产品的销售提供了更多的可能性。通过电商平台，乡村农产品可以跨越地域限制，覆盖更广泛的消费群体，实现了农产品的线上销售和线下配送。这些模式也提高了农产品的销售效率，减少了销售环节中的中间环节，降低了成本，增加了农民的收入。乡村电商生态圈的运营模式为农产品的销售提供了更多的选择和灵活性，推动了农村经济的发展。

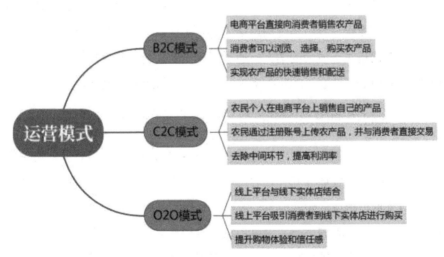

图 1-2-2　乡村电商生态圈的运营模式思维导图

（四）乡村电商生态圈发展中的挑战与应对策略

乡村电商生态圈的发展面临着多方面的挑战，其中包括物流配送不便、农产品质量安全、电商平台服务能力不足等。乡村地区交通条件相对较差，物流配送存在困难导致产品运输周期长、成本高，影响了产品的及时性和服务水平。农产品质量安全问题是乡村电商面临的另一个挑战，包括产品质量不稳定、食品安全隐患等，影响了消费者对农产品的信任和购买意愿。一些乡村电商平台在服务能力和技术支持方面存在不足，无法满足消费者的需求，影响了平台的竞争力和用户体验。针对这些挑战可以采取一系列的应对策略，如加强物流基础设施建设，包括改善乡村道路、建设物流配送中心等，提升物流效率和服务水平。要加强对农产品质量的监管，建立健全的质量安全体系，加强产品检测和监控，确保产品质量安全。需要通过培训等方式提升农民的电商技能和意识，提高经营管理水平和服务意识，提升乡村电商的整体水平。

乡村电商生态圈的建设和运营模式为农产品的销售提供了新的途径和机会，推动了农村经济的发展和农民收入的增加。通过电子商务平台，乡村特色产品得以与城市消费者连接，实现了农产品的跨地域销售。各参与主体在生态圈中发挥着不同的角色、承担着特定的职责，共同促进了乡村电商的发展和壮大。然而，乡村电商生态圈在发展过程中仍面临着诸多挑战，如物流配送不便、农产品质量安全、电商平台服务能力不足等。针对这些挑战，需要加强物流基础设施建设、提升农产品质量标准、培训农民电商技能，并提供政策支持和资金扶持，推动乡村电商生态圈的持续健康发展。

第三节　城乡产品流通模式变革

一、城乡产品流通模式现状与问题

城乡产品流通是城乡经济联系的纽带，直接关系到农产品的销售和城市居民的生活需求。当前城乡产品流通模式呈现出多样化和复杂化的特点，传统的超市、农贸市场、集市及电商平台都扮演着重要的角色，然而这种多样化的模式也暴露出了一系列问题和挑战，如信息不对称、流通效率低下、物流成本高昂等。因此，应进行城乡产品流通模式的变革，以提升产品的流通效率和市场竞争力，促进城乡经济的协调发展。

（一）城乡产品流通现状分析

当前城乡产品流通模式呈现出多样化和复杂化的特点，在城市中传统的超市、便利店等零售渠道仍然占据主导地位，消费者习惯于在这些场所购买日常所需品。超市提供了便捷的购物环境和多样化的产品选择，满足了城市居民的生活需求，而在农村地区，农贸市场、集市、农户直销等传统方式仍然是主要的产品流通途径。农贸市场是农村居民购买生活必需品和农产品的主要场所，集市则是农村居民交流和购物的重要平台。随着电商的迅速发展，线上购物已经成为城乡居民不可或缺的一部分。电商平台提供了丰富的商品选择、便利的购物体验和灵活的支付方式，吸引了越来越多的消费者。城乡居民通过电商平台购买各类产品，从食品到日用品，从服装到家电都可以轻松实现线上购物。这种多样化的城乡产品流通模式，为消费者提供了更多选择和便利，促进了城乡经济的发展和商品的流通。

（二）城乡产品流通存在的问题和挑战

城乡产品流通面临着一系列问题和挑战。城市消费者对农产品的了解和认可度不高，这使得农产品在城市市场上的销售受到限制。传统的城乡产品流通模式存在着中间环节多、流通效率低下、成本高昂等问题。农产品从生产地到消费者手中需要经过多个中间环节，每个环节都增加费用成本和时间成本，使得产品价格居高不下影响了市场竞争力。农村地区的物流配送体系相对薄弱，长途运输成本高，这限制了农产品进入城市市场的能力。高昂的运输成本不仅增加了农产品的销售成本，也降低了产品的竞争力，使得农产品难以与其他同类产品竞争。城乡产品流通面临诸多问题和挑战，需要采取有效措施加以解决，以促进城乡产品流通的健康发展。

表 1-3-1　城乡产品流通存在的问题和挑战行动方案及措施

方案	具体措施
提升消费者对农产品的认知和信任	加强宣传和教育，提供产品溯源信息，建立农产品品牌，通过品牌和口碑的积累提升消费者信任感
改善城乡产品流通模式	减少中间环节，缩短流通路径，降低产品价格。打造直供直销渠道，发展农村电商平台和线上市场，拓宽农产品销售渠道
强化物流配送体系	加强农村地区的物流基础设施建设，提高物流能力和效率。提供物流服务和支持，降低农产品的运输成本。推动农村地区与城市物流企业合作，提供优质的物流配送服务

方案	具体措施
支持农产品加工和增值服务	鼓励农产品深加工，提高附加值和竞争力。开发农产品的衍生产品，拓展产品市场，增加销售渠道。提供农产品相关的增值服务，如农产品体验、旅游等
政策支持和合作	提供政策支持和税收优惠，加强城乡合作机制

（三）传统城乡产品流通模式的局限性

传统的城乡产品流通模式存在着一定的局限性，主要体现在流通环节繁多、信息不对称和物流成本高等方面。农产品从生产地到最终消费者手中需要经过多个中间环节，如农户、批发商、零售商等，每个环节都增加了产品的流通成本和时间成本。这种中间环节的繁多导致流通效率低下使得产品价格居高不下，影响了产品的竞争力。由于信息不对称，消费者对农产品的来源、质量、价格等方面缺乏准确的了解。在传统模式下的消费者很难获取到产品的详细信息，无法判断产品的真实价值导致购买意愿不强。物流成本高也是传统城乡产品流通模式的一个局限性。农产品通常需要长途运输才能到达城市市场，而农村地区的物流配送体系相对薄弱，运输成本高昂，这使得农产品的销售成本增加，也限制了农产品进入城市市场的能力。传统的城乡产品流通模式存在着流通环节繁多、信息不对称和物流成本高等局限性，制约了城乡产品流通的发展和提升。

（四）城乡产品流通模式变革的必要性

为了解决城乡产品流通存在的问题，城乡产品流通模式的变革变得尤为必要。新的流通模式需要通过整合资源、提高信息透明度、优化物流配送等方式打破传统的局限性，提升产品的流通效率和市场竞争力。可以通过建立农产品电商平台，直接连接农民和城市消费者，减少中间环节，降低流通成本。这样做不仅可以提高产品的价格竞争力，还可以为农民提供更多的销售渠道，增加其收入。加强对农产品质量的监管和认证，提升消费者对农产品的信任度。建立健全的质量认证体系，加强对农产品生产、加工和流通环节的监管，保证产品的质量和安全，增强消费者对产品的信心。优化物流配送系统，提高物流效率。加强农村地区物流配送基础设施建设，降低运输成本，提高农产品进入城市市场的能力。

传统的城乡产品流通模式存在着诸多问题和局限性，包括中间环节繁多、信息不对称、物流成本高等。为解决这些问题必须采取有效措施进行模式变革，新的流通模式应当通过整合资源、提高信息透明度、优化物流配送等方式，打破传统的局限性，从而提升产品的流通效率和市场竞争力。建立农产品电商平台、加强质量监管认证及优化物流配送系统是推动城乡产品流通模式变革的关键举措。

二、电商对城乡产品流通模式的影响

电商在城乡产品流通模式中扮演着重要角色，其影响不仅体现在打破地域限制、改变传统流通模式，还体现在带来创新和提升效率等方面。本文将对电商对城乡产品流通模式的影响进行总结。

（一）电商在城乡产品流通中的作用和优势

电商在城乡产品流通中扮演着重要角色，其作用和优势主要体现在多方面。电商打破了地域限制，让农村的特色产品能够通过网络销售到全国各地，提高了产品的曝光度，扩大了销售范围。例如一些农村特色的手工艺品、农副产品等通过电商平台进行销售，受到了城市消费者的青睐。电商提供了便捷的购物渠道，消费者在家中通过手机或电脑就能轻松选购所需产品，节省了时间和精力。电商平台的评价系统和客服服务保障了消费者的购物体验和权益，增加了消费者的信任度。

（二）电商对传统城乡产品流通模式的改变

电商的兴起对传统的城乡产品流通模式带来了深刻的改变。传统模式中农产品通常需要通过中间商、批发商等环节才能到达消费者手中，而电商直接将生产者和消费者连接起来，缩短了流通链条。例如以前农民需要将农产品运送到集市或批发市场销售，现在通过电商平台，农民可以直接将产品上架销售，节省了中间环节的成本和时间。电商还改变了消费者的购物习惯，越来越多的城乡居民选择在网上购物，这也推动了城乡产品流通模式的转变。

表 1-3-2　电商对传统城乡产品流通模式的改变观点总结

观点	具体说明
缩短流通链条	电商直接连接生产者和消费者，省去了传统的中间商和批发商环节。产品可以直接从农田或农户销售，减少流通环节和成本
提高销售效率和利润	农民通过电商平台直接上架销售产品提高了销售效率。减少中间环节的参与，农民可以获得更多的利润
改变消费者购物习惯	越来越多的人选择在网上购买农产品，改变了传统的实体市场购物模式。网购的便利性和产品丰富度吸引了消费者的注意
扩大市场规模和机会	电商平台提供了广阔的市场覆盖范围，不再局限于当地市场。农产品可以面向全国甚至全球进行销售，扩大了市场规模和销售机会
促进交流与优化	电商平台提供了更多的交流和互动机会，消费者可以直接与农产品生产者沟通和反馈。生产者可以根据消费者的需求进行产品优化和改进，增强产品竞争力

（三）电商带来的城乡产品流通模式创新

电商的崛起为城乡产品流通模式注入了新的活力，除了传统的在线购物功能，电商平台还推出了一系列创新服务，如农产品预售、定制服务及农产品体验活动等。这些新型服务有效地促进了城乡产品的流通和销售，例如一些电商平台定期举办农产品展销活动，吸引了消费者的参与，提升了产品的曝光度和销售量。一些农产品电商平台还开展了农村淘宝村等项目，通过培训和支持帮助农村地区发展电商产业，从而促进农村经济的发展。这些创新举措使得城乡产品的销售更加多样化和灵活化，为农民增加了额外的收入来源，也丰富了消费者的购物体验。

表 1-3-3　电商带来的城乡产品流通模式创新行动方案及措施

方案	具体措施
农产品预售	电商平台与农产品生产者合作，提前预售新鲜农产品。提供预售优惠、限时抢购等活动，吸引消费者提前下单
订制服务	电商平台提供农产品订制服务，满足个性化需求。消费者可以定制包装、规格、配送时间等，增加购买农产品的满意度
农产品体验活动	电商平台组织农产品体验活动，邀请消费者亲临农场参与采摘、品尝等活动。提供农产品知识普及和亲近自然的体验，增强消费者对农产品的信任和认可
农产品展销活动	电商平台定期举办农产品展销活动，集结各地优质农产品展示和销售。提供特价优惠、赠品、购买返券等促销措施，吸引消费者参与
农村淘宝村项目	电商平台支持农村地区发展电商产业，提供培训和支持。帮助农民建立电商店铺、产品上架等，扩大农村产品的销售渠道

（四）电商对城乡产品流通效率的提升

电商的发展在城乡产品流通方面发挥了显著作用，主要体现在提升了效率和便捷性两方面。电商平台的出现使得消费者可以随时随地进行购物，不再受时间和地点的限制，从而大大提高了购物的便捷性。这对于城市居民和农村居民都是一种重要的改变，尤其是对农村居民来说，可以方便地购买到城市的特色产品，满足自己的需求。电商平台提供了智能化的物流配送系统，能够更快、更准确地将产品送达消费者手中，例如一些电商公司实施的"即时达""24小时达"等快递服务，大大缩短了产品的配送时间，提升了消费者的满意度。这种高效的物流系统不仅减少了产品流通的时间，也降低了成本，促进了城乡产品的销售和流通。

电商的兴起给城乡产品流通模式带来了深远影响，它不仅打破了地域限制，提供了便捷的购物渠道，还改变了传统的流通模式，生产者和消费者直接连接起来，推动了城乡产品流通模式的转变。电商的出现也带来了创新，如农产品预售、定制服务等，丰富了消费者的购物体验，促进了城乡产品的流通和销售。电商通过智能化的物流配送系统提升了产品流通效率，给城乡居民带来更多选择和更好的服务，注入了新的活力和动力。

三、农产品走出去的市场拓展策略

农产品走向国际市场是许多农业国家实现经济增长和农民收入增加的重要途径之一，然而要成功地将农产品拓展至海外市场需要制定合适的市场拓展策略，并且在质量管理、品牌建设及政策支持等方面做好准备这里主要探讨农产品走出去的市场拓展策略，包括市场选择与布局、质量与安全管理、品牌建设与营销策略及政策支持与服务保障。

（一）农产品出口市场的选择和布局

农产品走出去需要精心选择和布局目标市场，考虑市场需求和潜力，优先选择对农产品需求量大且价格合理的国家或地区。例如中国的绿色有机农产品在欧美市场有着较大的市场需求，因此可以这些地区作为重点拓展对象。考虑到贸易政策和关税壁垒，选择对农产品出口友好的国家或地区，以降低贸易壁垒带来的风险。考虑物流和渠道条件，选择交通便利、物流通畅的目标市场，以确保农产品能够快速、安全地运达目的地。

（二）农产品出口的质量和安全管理

农产品出口质量和安全管理至关重要。加强生产环节的管理，推行规范化、标准化种植和生产，确保农产品的质量安全。严格执行农产品质量安全标准进行全程追溯和溯源管理，保障农产品从种植、采摘到加工、包装的全程质量安全。加强农产品出口检验检疫，确保出口产品符合目标市场的质量标准和法律法规要求，避免因质量问题导致的产品退货或召回。

（三）农产品品牌建设和营销策略

在农产品出口过程中，品牌建设和营销策略至关重要，通过精心设计的包装和外观可以为农产品打造独特的品牌形象，强调其优质和特色，从而提升产品的附加值和竞争力。例如新西兰的奶制品以其天然环境和优质形象在国际市场上建立了良好的品牌认知度。参加国际农产品展会和交易会是开拓海外市场的有效途径之一。通过展会，农产品企业可以展示产品的质量和特色，与海外买家面对面沟通，建立起稳固的合作关系，拓展销售渠道，比如泰国的水果展览会吸引了来自全球的买家，为当地水果出口开拓了更广阔的国际市场。利用互联网和社交媒体平台进行宣传和推广也是农产品营销的重要手段。通过在各大平台上发布产品信息、分享品牌故事提升农产品的知名度和美誉度，吸引更多海外消费者的关注和购买。例如澳大利亚的牛肉品牌利用社交媒体平台展示其优质的草饲牛肉，并通过互动活动吸引了大量海外消费者的关注和购买。

（四）农产品出口的政策支持和服务保障

农产品出口的成功需要政策支持和服务保障，政府应该制定相关政策，为农产品出口企业提供支持和优惠政策，包括财税、金融和信用方面的支持以降低企业的运营成本和风险。例如提供出口补贴、税收减免等政策，鼓励企业积极拓展国际市场。建立健全的监管和服务体系是保障农产品出口的重要措施，政府应加强对农产品出口的监管，确保产品符合质量和安全标准，避免因质量问题导致出口受阻或退货。为出口企业提供必要的培训和指导，提升其出口管理水平和应对风险的能力，帮助企业更好地应对国际市场的挑战。加强与目标国家或地区的贸易合作也是政府的重要任务，政府可以积极推动双边或多边贸易协议的签署，促进贸易便利化和贸易畅通。

农产品出口的成功需要综合考虑市场需求、质量安全、品牌形象和政策支持等因素。企业应精心选择目标市场并考虑贸易政策和物流条件，合理布局出口市场。企业要加强质量管理，严格执行标准确保产品质量安全，提升竞争力。通过品牌建设和营销策略，塑造产品独特形象，拓展市场份额。政府应制定支持政策，提供服务保障，为企业出口提供便利条件，促进农产品出口的稳定增长。农产品走出去的市场拓展策略需要企业和政府共同努力，才能取得长期稳定的出口成果。

四、城里产品引进来的电商合作模式

城里产品与电商的合作模式给城乡经济发展带来了新的机遇与挑战，这种合作模式多样化，不仅为城市和农产品提供了更多元的销售渠道，也为消费者提供了更多的选择。通过电商平台，城里产品得以跨越地域限制，直接触达消费者，促进了城乡产品资源的互通互利，推动了城乡经济的互动发展。本文就城里产品与电商的合作模式概述、城里产品在电商平台上的展示和销售策略及这种合作模式对城乡经济发展的影响进行探讨和分析。

（一）城里产品与电商的合作模式概述

城里产品与电商的合作模式多种多样，为城市和农产品提供了更多元的销售渠道。其中一种常见的合作模式是直接入驻电商平台，通过注册店铺或专区的方式将城里产品展示给消费者，实现线上销售。也有城里产品与电商平台进行合作推广的模式，即通过合作活动、广告投放等方式，增加产品曝光度和销售量。还有一些城里产品选择利用电商平台进行代销，产品委托给电商平台进行销售和配送，降低了自身的运营成本和风险。这些合作模式既为城里产品拓展了销售渠道，提升了市场竞争力，也为消费者提供了更多选择。例如一些农村特色产品通过与知名电商平台合作，实现了覆盖全国乃至国际市场的销售，为农民增加了收入，促进了城乡经济的互动发展。

（二）城里产品在电商平台上的展示和销售策略

城里产品在电商平台上的展示和销售策略至关重要，关乎产品能否吸引消费者并实现销售增长。产品的展示应该引人注目，通过精美的图片展示和生动的产品描述来吸引消费者的注意。高质量的产品图片能够直观地展示产品特点，而生动的产品描述则能够让消费者更好地了解产品的功能和优势。吸引人的促销活动也是吸引消费者的有效策略，如限时特惠、满减优惠等能够刺激消费者的购买欲望。针对不同的消费群体，制定个性化的营销策略也是至关重要的。通过深入了解目标消费群体的需求和偏好可以有针对性地设计营销活动和内容，例如针对年轻人的产品推广可以加强在社交媒体上的宣传，利用微信、微博等平台与年轻用户进行互动，增强产品的曝光度和口碑效应。及时更新产品信息，与消费者保持良好的互动也是电商销售的关键策略。定期更新产品信息，发布新产品或促销信息，能够保持消费者的兴趣并使其持续关注和购买产品。

（三）城里产品引进来的电商合作模式对城乡经济发展的影响

城里产品引进来的电商合作模式对城乡经济发展产生了积极的影响，这种合作促进了城乡产品资源的互通互利。通过电商平台，农村特色产品得以突破地域限制，直接触达城市消费者，从而提升了农产品的知名度和市场份额。这种互通模式不仅拓展了农产品的销售渠道，也为城市居民提供了丰富多样的产品选择。城里产品引进来的电商合作模式推动了农村经济的多元化发展，通过电商平台销售城里产品为农民增加了收入来源，改善了生活水平。由于电商平台的普及，农村创业者和小农户也能够更便利地将自己的产品推向市场，促进了农村经济的活力和发展潜力。这种合作模式也促进了电商平台的区域布局和服务拓展，推动了电商行业的进一步发展。随着农产品销售的增长，电商平台在农村地区的服务网络也会得到加强，为农村居民提供更便捷的购物体验，进一步拉近了城乡消费差距。例如中国的农村淘宝计划就是一个成功的案例，通过电商平台的支持，农村特色产品得以在全国范围内进行销售，不仅促进了农村产业的发展，也提高了农民的收入水平。

城里产品引进来的电商合作模式给城乡经济带来了积极的影响，通过与电商平台合作，农村特色产品得以拓展销售渠道，提升了农产品的知名度和市场份额。电商平台的普及也促进了农村创业者和小农户将产品推向市场，为农村经济注入了新的活力。电商平台在农村地区的服务网络也得到了加强，为农村居民提供了更便捷的购物体验，拉近了城乡消费差距。因此，城里产品引进来的电商合作模式为城乡经济发展注入了新的动力，为实现经济的全面发展和城乡的共同繁荣提供了有力支撑。

第四节 农村电商可持续发展路径

一、农村电商发展中的生命周期分析

农村电商作为现代农业发展的重要组成部分，在不同阶段都面临着独特的挑战与机遇。这里主要对农村电商的生命周期进行分析，从初创阶段到成熟期再到衰退阶段，探讨每个阶段的特点、关键因素及应对策略，以期为农村电商的健康发展提供参考。

（一）初创阶段的特征和挑战

在农村电商初创阶段，最显著的特征是市场尚未完全开发，电商平台和农民创业者处于试错探索的阶段。此时农村电商面临诸多挑战，包括基础设施不完善、消费者信任度低、产品品质和供应链管理困难等。缺乏专业的电商团队和经验也是初创阶段常见的挑战之一。农村电商需要克服这些挑战，建立可靠的供应链和配送网络，提高产品的质量和信誉，加强与消费者的沟通和互动，以稳健的步伐迈向发展壮大阶段。

（二）发展壮大阶段的关键因素

在农村电商发展壮大阶段，市场需求的持续增长是关键因素之一，随着农产品消费需求的不断增加，农村电商有机会迅速扩大市场规模，满足消费者日益多样化的需求。供应链的优化也至关重要。通过提高供应链的效率和透明度，农村电商可以更快地将产品送达消费者手中，提升服务质量，赢得消费者的信赖。技术创新在发展壮大阶段扮演着关键角色，优化电商平台的用户体验，完善支付和结算系统及引入智能物流技术，都能够提高农村电商的运营效率和服务水平，从而促进业务的快速发展。通过不断优化和创新，农村电商能够在发展壮大阶段保持竞争优势，实现可持续发展。

（三）成熟期的特点及应对策略

农村电商进入成熟期后面临市场竞争加剧、产品同质化等挑战。在这一阶段，农村电商需要注重品牌建设和产品差异化，以树立自身的竞争优势。通过提升产品质量和服务水平，满足消费者对品质和服务的高要求，赢得消费者的信赖和口碑。加强与消费者的互动和沟通，建立良好的客户关系，通过个性化的服务和定制化的推广活动，提升消费者的满意度和忠诚度。成熟期的农村电商还应不断创新，推出符合市场需求的新产品和服务，拓展市场份额。总之，成熟期的农村电商需要不断提升自身竞争力以应对激烈的市场竞争，保持持续稳健发展。

表 1-4-1　农村电商成熟期的特点及应对策略观点总结

观点	具体说明
品牌建设	打造独特的品牌形象和价值观，塑造竞争优势。加强品牌推广，提升品牌知名度和美誉度
产品差异化	提升产品质量和服务水平，超越竞争对手。开发独特的产品特色，满足消费者个性化需求
互动与沟通	建立良好的客户关系，加强与消费者的互动和沟通。倾听消费者的意见和反馈，不断优化产品和服务
创新	追求不断创新，推出符合市场需求的新产品和服务。多样化和定制化的推广活动，吸引消费者的关注和参与

（四）衰退阶段的预警信号和应对措施

农村电商进入衰退阶段的预警信号包括市场份额下降、利润率下滑、消费者投诉增加等。面对衰退，农村电商需要及时调整战略，寻找新的增长点和突破口。的应对措施包括重新进行市场定位、优化产品结构、降低成本、加强营销等。也需要关注行业发展趋势，及时地进行转型升级以适应市场的变化，重振业务发展。例如在初创阶段，一个农村电商平台面临着基础设施不足和消费者信任度低的挑战，为了应对这些挑战，该平台可以与物流公司合作，提高配送效率，通过举办线下活动和提供优惠政策，增加消费者对平台的信任度。这些举措有助于平台顺利度过初创阶段，向发展壮大阶段迈进。

农村电商的发展经历了初创、壮大、成熟和衰退等不同阶段，在初创阶段，农村电商面临基础设施不完善、消费者信任度低等挑战，需要建立可靠的供应链和提升产品质量以稳健发展。发展壮大阶段关键在于满足不断增长的市场需求，优化供应链和引入技术创新，保持竞争优势。而进入成熟期后农村电商须注重品牌建设和产品差异化以提升竞争力。面对衰退，农村电商应及时调整策略，寻找新的增长点以保持业务的持续发展。

二、可持续发展理念在农村电商中的应用

在当今社会，可持续发展已成为各行各业的共同追求，而农村电商作为现代农业与电子商务相结合的重要形式，在可持续发展理念的引领下展现出了巨大的潜力和价值。这里主要探讨可持续发展理念在农村电商中的应用，从环境、社会、经济和制度四方面展开分析，以期为农村电商的可持续发展提供理论指导和实践借鉴。

（一）环境可持续性

在农村电商中，环境可持续性意味着对环境资源的合理利用和保护，例如农村电商可以采取节能减排措施，优化物流配送路线，减少运输过程中的能源消耗和排放量。推广绿色包装和环保材料，降低包装废弃物对环境的影响。倡导农产品的有机种植和生态养殖，促进农村生态环境的可持续发展。

（二）社会可持续性

社会可持续性在农村电商发展中扮演着重要角色，农村电商为当地社会提供了就业机会，促进了农村就业结构的调整和人才流动。通过在当地建立仓储、物流配送中心及客服中心等，农村电商为当地居民提供了多样化的就业机会，有效缓解了农村的就业压力，提高了农民的收入水平，促进了经济社会的稳定和可持续发展。农村电商积极加强与当地社区的合作，支持当地文化和传统产业的发展。通过与当地农民合作，推广当地特色农产品的销售，农村电商不仅带动了当地农产品的增值，也促进了当地特色产业的振兴与发展。农村电商还可以利用自身平台资源，开展公益活动，支持当地教育、环保等社会事业，为当地社区的发展做出积极贡献。

（三）经济可持续性

经济可持续性是农村电商发展的关键因素之一，它体现在持续盈利和经济增长方面。农村电商可以通过提升产品附加值来实现可持续的经济增长。通过加工、包装、品牌塑造等环节，农产品转化为具有更高附加值的产品，从而提升产品的市场竞争力和价格，为企业创造更多的利润空间，实现经济的持续增长。农村电商可以通过拓展市场份额来实现经济可持续性。通过开拓新的市场渠道、拓展新的客户群体，不断扩大销售规模，稳固市场地位，给企业带来持续的经济增长动力。与金融机构的合作也是促进农村电商经济可持续发展的重要手段之一，通过与银行、投资机构等金融机构合作，农村电商可以获得更多的融资支持，提升资金运作能力，为企业的发展提供稳定的财务支持。金融机构还可以提供经营指导、风险管理等方面的专业支持，帮助农村电商规避经营风险，保持健康的经营状态，实现长期的盈利和经济可持续发展。经济可持续性是农村电商发展的重要保障，通过提升产品附加值、拓展市场份额和加强与金融机构的合作，农村电商能够实现持续盈利和经济增长，为农村经济的发展注入新的活力。

（四）制度可持续性

制度可持续性对农村电商的发展至关重要，建立健全的监管机制和行业标准能够确保农村电商的健康发展，这包括对电商平台的注册、经营行为的监督管理及对产品质量、服务质量的监督检查，从而保障消费者的合法权益，维护市场秩序。加强与政府部门的沟通和合作能够为农村电商提供政策支持和指导，为其发展提供更多制度保障。政府可以通过出台支持农村电商发展的政策措施，包括财政补贴、税收优惠、创业扶持等，鼓励更多农民投身到电商行业中来，推动农村电商的蓬勃发展。例如某农村电商平台积极响应国家环保政策，采用智能物流系统优化配送路线，减少汽车排放量，使用可降解的环保包装以减少对环境的影响。该平台与当地合作社合作，为本地农民提供就业机会，促进当地经济发展，改善农民生活，这些举措不仅符合可持续发展理念，也为农村电商的可持续发展奠定了坚实基础。

农村电商的可持续发展不仅是对环境资源的合理利用和保护，还包括对社会、经济和制度的持续促进和健康发展。在环境方面，农村电商可通过节能减排、推广绿色包装等举措实现资源的可持续利用；在社会方面，提供就业机会、支持当地产业发展等能促进社会的可持续发展；在经济方面，提升产品附加值、拓展市场份额等可实现经济的持续增长；在制度方面，健全监管机制和政策支持则是其可持续发展的重要保障，农村电商在可持续发展理念的引领下持续为农村经济的发展和社会的进步做出积极贡献。

三、农村电商发展的瓶颈与突破点

农村电商作为促进农村经济发展、增加农民收入的重要途径，正逐步成为农村经济的新引擎，然而其发展过程中不乏诸多挑战和难题，其中供应链瓶颈、缺乏信任机制、人才技术支持不足及资金融资难题成为制约其发展的关键因素。这里主要从四方面展开分析，探讨农村电商发展的瓶颈所在及突破之道。

（一）供应链瓶颈

农村电商发展面临的一个主要挑战是供应链瓶颈，由于农村地区的交通条件、物流设施等不如城市发达导致产品的采购、运输和配送等环节存在困难和延迟，例如农产品的采摘时间较短，而运输周期较长容易导致产品质量下降和库存积压。为了突破供应链瓶颈，一些农村电商平台采取了创新措施，如建立自己的冷链物流系统，与物流公司合作优化配送路线以确保产品新鲜度和配送效率，例如某农村电商平台与当地农户合作，建立了即时采摘和快速配送的模式，有效解决了供应链瓶颈，提高了产品的市场竞争力。

（二）缺乏信任机制

另一个阻碍农村电商发展的因素是缺乏信任机制。由农产品的质量和安全问题，消费者对于在网上购买农产品存在一定的疑虑和担忧导致购买意愿不强。为了解决这一问题，一些农村电商平台采取了建立信任机制的措施，例如引入第三方认证机构对产品进行质量检测和认证，建立用户评价系统，提供货到付款等服务。例如某农村电商平台建立了严格的产品质量检测标准并承诺对产品质量负责，通过建立用户评价系统，让消费者更加放心地购买农产品从而打破了信任障碍。

（三）缺乏人才和技术支持

农村电商发展还面临着人才和技术支持不足的挑战。由于农村地区人才储备相对匮乏，缺乏电商运营和管理方面的专业人才及相关的技术支持，导致一些农村电商平台在运营和发展过程中遇到困难。为了解决这一问题一些地方政府和企业开展了人才培训和技术支持计划，引进了电商专业人才和技术团队，为农村电商的发展提供了有力支持。例如某地政府设立了农村电商创业孵化基地，提供电商培训和技术支持，吸引了大量年轻人和创业者加入农村电商行业。

（四）资金和融资难题

资金和融资难题也是制约农村电商发展的重要因素。农村电商平台需要投入大量资金用于建设物流配送中心、技术研发、市场推广等，但由于农村地区的风险较高，银行和投资机构对于农村电商的融资支持相对保守。为了解决资金和融资难题，一些农村电商平台采取了多种策略，如与政府合作设立专项基金、吸引社会资本投资、开展股权众筹等。例如某农村电商平台与当地政府合作成立了农村电商发展基金，为农村电商提供贷款和投资支持。帮助平台解决了资金瓶颈，推动了其发展壮大。

农村电商发展虽然面临诸多挑战，但也孕育着巨大的发展潜力。针对供应链瓶颈，可通过建立冷链物流系统和优化配送路线等措施来提高效率；对于缺乏信任机制，引入第三方认证机构和建立用户评价系统是关键举措；解决人才技术支持不足问题则须加强人才培训和技术支持计划；而针对资金融资难题，可通过政府合作设立专项基金和吸引社会资本投资来解决。只有克服这些瓶颈，农村电商才能迎来更加广阔的发展前景，为农村经济的振兴注入新的活力。

四、农村电商可持续发展策略与措施

农村电商在促进农村经济发展、增加农民收入、改善农村居民生活等方面具有重要意义，然而要实现农村电商的可持续发展需要制定并实施一系列策略与措施。其中优化供应链、加强信用体系建设、提升农民技能及创新融资模式是至关重要的方面，本文深入探讨这些策略与措施在推动农村电商可持续发展中的作用和意义。

（一）优化供应链

优化供应链是农村电商可持续发展的关键之一。通过建立高效的物流系统和配送网络，可以降低运输成本，提高产品的及时性和新鲜度。例如某农村电商平台引入先进的物流技术，建立冷链运输系统，确保农产品从采摘到配送过程中的质量和新鲜度。与当地农户建立紧密的合作关系，实现即时采摘和快速配送也是优化供应链的有效方式。通过这些措施可以提升农产品的竞争力，满足消费者对于高质量、新鲜度的需求，推动农村电商的可持续发展。

（二）加强信用体系建设

在农村电商发展过程中，加强信用体系建设是至关重要的，建立可靠的信用体系可以提升消费者对农产品的信任度，促进交易的顺利进行。例如某农村电商平台通过建立用户评价系统和第三方认证机构对产品质量进行检测，为消费者提供可靠的信息参考。提供货到付款等灵活支付方式也能增强消费者的信心，通过这些措施，农村电商可以树立良好的信誉，吸引更多消费者参与，实现可持续发展。

表 1-4-2　加强信用体系建设行动方案及措施

方案	具体措施
用户评价系统	在农村电商平台上建立用户评价系统，让消费者对购买过的产品和服务进行评价。评价应以真实、客观的方式呈现，为其他消费者提供可靠的参考信息
第三方认证机构	合作或引入第三方认证机构，对农产品的质量和安全进行检测和认证。第三方认证的标识、证书等可以帮助消费者判断产品的可信度
安全支付方式	提供安全、灵活的支付方式，例如货到付款、第三方支付等，增加消费者的信心和便利性。加强支付安全措施，保护消费者的个人和财务信息
售后服务和投诉处理	建立完善的售后服务机制，及时处理消费者的问题和投诉。提供退换货服务，确保消费者权益得到保障，增强消费者对农村电商的信任
社会信用认可	参与社会信用体系建设，与相关部门合作，建立良好的社会信用记录。守法经营、履行社会责任，展现农村电商的正面形象，增强消费者信任感

（三）提升农民技能

提升农民的技能水平对于农村电商的可持续发展至关重要，在农村地区，许多农民缺乏电商操作和管理方面的知识，这限制了他们参与电商平台的能力，因此，政府和相关机构开展农村电商培训计划尤为重要。通过这些培训计划使农民可以学习到如何使用电商平台进行产品销售、订单处理、客户服务等基本操作，也能了解到电商行业的发展趋势和市场需求。例如某地政府针对农村地区开展了线上和线下结合的培训课程，邀请电商行业专家为农民讲解电商知识和技巧，并组织实践活动以加深理解和应用能力。这些培训不仅提高了农民的技能水平，还增强了创业信心和竞争力。通过这种方式使农村电商能够吸引更多有技能的农民参与，促进农产品的销售和农村经济的发展，从而实现可持续发展的目标。

（四）创新融资模式

针对农村电商资金短缺问题，创新融资模式显得尤为关键。传统的融资渠道无法满足农村电商的特殊需求，因此需要寻找更具灵活性和适应性的融资方式。一种创新的融资模式是与当地政府合作设立农村电商发展基金。通过政府支持，这些基金可以为农村电商提供贷款和投资支持，帮助其解决资金短缺问题，推动业务扩张和发展。农村电商还可以考虑开展股权众筹等方式，吸引社会资本的参与。通过向社会公开发行股权，农村电商可以吸引更多投资者的关注和资金支持，为企业发展提供更为稳定和多元化的资金来源。这些创新的融资模式不仅可以解决农村电商的资金困境，还有助于推动农村经济的发展。

优化供应链是农村电商可持续发展的关键，有效降低了运输成本，提高了产品的及时性和新鲜度。加强信用体系建设有助于提升消费者对农产品的信任度，促进交易的顺利进行。提升农民技能，通过制订培训计划，不仅提高了农民的技能水平，还增强了创业信心和竞争力。创新融资模式为农村电商提供了更多元化的资金支持，有助于解决资金困境，推动其可持续发展。这些策略与措施共同促进了农村电商的健康发展，为农村经济的繁荣和农民生活水平的提高作出了积极贡献。

第二章 数字化物流与供应链管理

第一节 农村物流网络规划与建设

一、农村物流网络规划与布局策略

农村物流网络规划与布局是确保农产品流通顺畅、提高农村经济发展水平的关键环节，在这一过程中，地区分析与需求评估、物流节点规划与布局、路线优化与配送路径规划及信息化技术的应用都至关重要。这里主要探讨这些策略如何相互配合，为农村物流网络的有效建设提供指导和支持。

（一）地区分析与需求评估

在进行农村物流网络规划与布局之前，需要对目标地区进行全面的地区分析与需求评估，这包括对地区的地理环境、人口分布、农产品种类与产量、交通情况等进行综合分析，了解农产品的生产、流通和消费特点，还需要通过市场调研和需求分析，了解消费者对农产品的需求及其时效性等方面的要求。例如对某农村地区来说，该地区盛产水果，消费者对新鲜度和品质要求较高，因此，需要建立快速配送的物流网络，保证水果从产地到消费者手中的时间尽量缩短，以满足消费者需求。

（二）物流节点规划与布局

物流节点规划与布局是农村物流网络建设的核心环节，其合理性直接影响到物流运作的效率和效益。通过地区分析和需求评估，可以明确各个物流节点的位置和数量，从而制订出最优的规划与布局方案。例如在某农村地区可以规划设立一个集中的物流中心，作为物流运作的核心枢纽，集中处理货物的集散和分拨。在主要的农产品产地和消费地点，设立仓储点和配送中心以便就近储存和分发货物，缩短物流链条。这些物流节点之间通过合理的联系和协调机制相互连接，保障物流运作的连贯性和高效性。通过这样的规划和布局，可以有效地管理和调度农产品的流动，提高物流效率和服务水平，满足消费者的需求，促进农村经济的发展。

（三）路线优化与配送路径规划

在农村地区，路线优化和配送路径规划是提高物流效率和降低成本的关键步骤，通过采用先进的技术和系统可以有效地优化物流路线和配送路径，以满足消费者对农产品及时性和质量的需求。例如智能化的路线规划系统可以根据实时交通情况、订单量及配送目的地等因素，自动计算出最佳的配送路径。这些系统能够避开交通拥堵和路况不良的区域，选择最快捷、最经济的配送路径从而提高配送效率，缩短配送时间。通过优化路线和配送路径，农产品可以快速、准时地送达消费者手中，保证产品的新鲜度和质量，提升消费者的满意度和信任度。优化后的配送路径还能降低运输成本，提高物流运作的经济效益。因此，在农村物流网络建设中重视路线优化和配送路径规划至关重要，可以为农产品流通提供更加高效可靠的服务。

表 2-1-1　路线优化与配送路径规划观点总结

观点	具体说明
路线优化	使用先进技术和系统，如智能化路线规划系统。根据实时交通情况和订单量等因素，计算出最佳的配送路径
配送路径规划	选择最快捷、最经济的配送路径，避开交通拥堵和路况不良区域。提高配送效率和速度，缩短配送时间
保证时效和质量	优化的配送路径保证农产品及时送达消费者手中，确保产品的新鲜度和质量，提升消费者的满意度和信任度
降低运输成本	通过优化配送路径，降低运输成本提高物流运作的经济效益，为农村电商提供高效可靠的物流服务

（四）信息化技术在网络规划中的应用

信息化技术在农村物流网络规划与布局中扮演着至关重要的角色，其应用可以极大地提升物流运营的效率和质量。通过建立信息化系统可以实现对物流过程的实时监控和管理，例如利用物联网技术可以对物流节点进行监控，实时获取货物的流动状态、仓储情况等信息，从而及时调整物流计划，保证物流运作的顺畅和高效。信息化技术还可以用于实现物流数据的收集、分析和应用，通过对大数据的分析可以深入了解物流运作的各个环节。基于数据分析的决策支持系统可以为农村物流网络的规划与布局提供科学依据，帮助决策者做出准确的决策，提升整体运营效益。信息化技术的应用不仅可以提高农村物流的运营效率和服务水平，还可以为物流网络的可持续发展提供有力支持。

农村物流网络规划与布局策略的成功实施需要综合考虑地区特点、消费者需求、物流节点规划、路线优化及信息化技术的应用，通过地区分析与需求评估可以明确农产品流通的基本特征和需求，为后续规划提供基础数据。在物流节点规划与布局阶段，合理设置物流中心、仓储点和配送中心并优化配送路径，以确保物流运作高效顺畅。信息化技术的应用则可以提升物流运营效率，通过实时监控、数据分析和决策支持系统，为农村物流网络的持续发展提供有力支持。综合运用这些策略可以促进农产品流通，提高农村经济发展水平，满足消费者需求，实现农村物流网络的可持续发展。

二、物流设施建设与现代化改造

农村物流设施的建设与现代化改造对于提升物流效率、降低成本、保障农产品质量具有重要意义，其中仓储设施的科学规划与管理、运输工具和设备的更新与维护、智能化技术的应用及绿色环保理念的实践是关键方面。本节主要探讨这些方面在农村物流设施建设与现代化改造中的重要性与实践方法。

（一）仓储设施建设与管理

在农村物流网络建设中，仓储设施的建设与管理至关重要，优秀的仓储设施能够有效地保护农产品的质量和新鲜度，提高物流运作的效率和可靠性。因此，需要注重仓储设施的科学规划、合理布局和有效管理，例如在建设仓储设施时可以考虑采用现代化的仓储设备和技术，如智能仓储系统、温湿度控制设备等，以确保农产品的储存条件符合要求。在管理方面，应建立健全的仓储管理制度和操作流程，加强对仓库的监控和巡检，及时发现并解决问题，保证仓储设施的正常运行和安全性。

表 2-1-2　仓储设施建设与管理实施方案

方案	具体措施
科学规划与合理布局	根据农产品的特性和需要，科学规划仓储设施的类型、数量和位置。合理布局仓库内部，优化货物存放、取货和配送的流程
现代化仓储设备与技术	采用先进的仓储设备和技术，如智能仓储系统、温湿度控制设备等。确保农产品储存条件符合质量要求，保持产品的新鲜度和营养价值
健全的仓储管理制度	建立仓储管理制度，明确各项操作规范和责任分工。加强对仓库的监控和巡检，及时发现并解决问题
培训与人员管理	加强仓储操作人员的培训和技能提升，建立人员管理制度，激励员工积极工作
安全措施	配备必要的安全设施和消防设备，加强保障措施，如防盗、防火、防潮等

（二）运输工具和设备更新与维护

运输工具和设备的更新与维护是保障物流运输顺利进行的重要环节。随着科技的发展，现代化的运输工具和设备能够提高运输效率、降低成本、减少能源消耗和环境污染。因此，农村物流网络建设中需要注重对运输工具和设备的更新与维护，例如定期检查和保养货车、冷藏车等运输工具，确保其在良好状态下运行；及时更新老化和落后的运输设备，引进新型节能环保的交通工具，如电动车、氢能源车等，以提升物流运输的效率和环保水平。

表 2-1-3　运输工具和设备的更新与维护观点总结

观点	具体说明
更新运输工具	定期评估和更新老化、不可靠的运输工具，引进现代化的运输工具，如智能货车、电动车、氢能源车等
维护运输工具	定期检查和保养运输工具，如货车、冷藏车等确保其正常运行，修理和更换损坏或老化的部件，提升运输工具的可靠性和效率
引入新技术和装备	引入现代物流技术和装备，如智能监测系统、物联网技术等，提升运输过程的可追溯性和可控性，降低物流环节的风险和损耗
节能环保考量	更新运输工具和设备时，考虑节能环保因素，引入节能型交通工具，减少能源消耗和对环境的影响
定期维护计划	制订定期维护计划和检修计划，确保运输工具和设备的持续运行和性能优化。建立维修档案和做好保养记录，提供及时维护和维修的指导和依据

（三）智能化技术在设施建设中的应用

智能化技术在物流设施建设中的应用极大地提高了设施的自动化程度和管理效率通过物联网技术和传感器技术，仓储设施和运输工具能够实现实时监控和远程管理，使管理人员可以随时了解设施运行状态并及时采取措施。利用人工智能算法可以优化仓储货物的存放和配载方案，提高仓储空间利用率和物流效率从而降低成本。借助大数据和云计算技术可以对物流数据进行分析和挖掘，为设施建设和运营提供决策支持，进一步优化物流网络的运作。综合利用这些智能化技术可以实现物流设施的智能化管理，提高效率、降低成本从而推动农村物流网络的现代化发展。

（四）绿色环保理念在设施建设中的考虑与实践

在农村物流设施建设中，绿色环保理念的考虑与实践至关重要，旨在促进可持续发展和保护环境。在选址和设计阶段应优先选择环境友好型的建筑材料和技术，以减少对自然环境的负面影响，例如采用可再生材料、低碳建筑设计等方式，降低能源消耗和排放。在设施运营过程中应注重节约能源和水资源的利用，推广清洁能源和节能设备的应用，减少对环境的污染和资源的浪费，例如引入太阳能、风能等可再生能源，改善设施的能源结构；采用高效节能的设备和技术，减少能源消耗。建立健全的环保管理制度和监测机制，加强对设施环保情况的评估和改进，不断提升设施的环保水平，例如建立废弃物分类处理系统，实施定期的环境监测和评估，及时发现和解决环境问题。通过充分考虑和实践绿色环保理念，农村物流设施可以更好地适应当今社会的可持续发展需求，为农村物流网络的健康发展和生态环境的保护做出积极贡献。

农村物流设施建设与现代化改造是推动农村物流网络发展的关键步骤，通过科学规划与管理仓储设施、更新与维护运输工具和设备、应用智能化技术及践行绿色环保理念，可以提高物流运作效率、保障农产品质量、降低能源消耗和环境污染。这些举措为农村物流网络的可持续发展和生态环境的保护做出积极贡献。

三、农村物流配送模式优化与创新

随着现代农村物流面临着日益增长的需求和前所未有的挑战，优化与创新成为解决问题的关键。这里主要探讨农村物流配送模式的优化与创新,着重介绍了多式联运模式的引入与优化、配送中心建设与管理、一公里配送解决方案及跨境电商物流模式的创新与应用。

(一)多式联运模式的引入与优化

多式联运模式是指在物流配送过程中通过组合不同的运输方式(如公路运输、铁路运输、水路运输等)进行货物运输以实现运输成本的降低和运输效率的提高。在农村物流配送中引入多式联运模式可以有效解决运输距离长、运输环境复杂的问题,提高配送效率和服务质量。例如长途运输段采用铁路或水路运输,而一公里配送采用公路运输,实现不同运输方式之间的衔接和协同从而降低运输成本,缩短配送时间,提升配送效率。

(二)配送中心建设与管理

配送中心在农村物流网络中扮演着至关重要的角色,其建设与管理直接关系到配送效率和服务水平的提升。为确保配送中心的有效运作,须从多方面进行考量和优化。合理规划配送中心的位置至关重要,应根据乡镇和村庄的分布情况,选择距离较近且覆盖面广的地点以确保配送范围的有效覆盖。配备先进的仓储设备和信息系统能够提高货物的处理效率和准确度从而加快配送速度。建立健全的运营管理体系,包括监督和调度机制,能够有效地协调配送任务,及时解决问题,确保配送任务的及时完成和配送服务的高质量。通过以上措施的综合实施可以提升配送中心的管理水平,进一步提高农村物流配送的效率和服务水平。

(三)一公里配送解决方案

针对农村物流配送中的一公里难题,须采取创新的解决方案以提高配送效率和服务覆盖。可以引入先进技术如无人机和智能快递柜,实现对农村偏远地区的快速配送。这些技术能够快速、灵活地覆盖地理复杂的区域,提高配送效率。建立合作社或农民合作社等配送组织,利用本地资源和社区力量进行配送可以降低成本、提高效率,增强社区间的合作与交流。开展农村快递代收代发服务,为农村居民提供便捷的配送方式。这种服务模式可以通过设立代收点或代发站点,为农村居民提供灵活的取送货服务,提升配送的便捷性和用户体验。通过以上创新方案的应用，可以有效解决农村物流配送中一公里的挑战，提高服务水平，促进农村物流的发展。

（四）跨境电商物流模式的创新与应用

跨境电商的兴起给农村物流带来了新的挑战和机遇，为满足农村居民对跨境商品的需求，须创新跨境电商物流模式。建立跨境电商物流专线，直接跨境商品运输到农村地区，缩短物流链路，提高配送效率。利用物流科技手段优化跨境物流环节，如实施智能化清关系统、采用物联网技术实现货物追踪，以加快清关速度和提升配送速度。开展跨境电商物流服务站点建设，为农村居民提供一站式跨境购物和配送服务。这些创新举措更好地满足农村居民的消费需求，促进农村经济发展和物流网络的现代化。

在农村物流配送中引入多式联运模式，合理利用不同的运输方式能够有效降低成本、提高效率。配送中心的建设与管理至关重要，通过合理规划位置、配备先进设备和建立健全的运营管理体系可以进一步提高配送效率和服务水平。针对一公里配送难题，采用先进技术、建立配送组织和开展代收代发服务等创新解决方案能够有效提高配送的便捷性和用户体验。跨境电商物流模式的创新与应用也为农村居民提供了更多购物选择并促进了农村经济的发展。通过这些创新与优化举措的实施，农村物流配送将迎来更加高效和便捷的发展。

四、物流网络可持续发展策略与管理机制

在当今竞争激烈的物流领域，实现可持续发展已成为各物流企业迫切的课题，为此，建立有效的策略和管理机制至关重要。这里主要探讨物流网络可持续发展的策略与管理机制，重点关注资源共享与协同发展、运营成本控制与效率提升、安全管理与风险应对、数据分析与决策支持系统的建立等方面。

（一）资源共享与协同发展机制建立

在物流网络的可持续发展中，资源共享与协同发展机制至关重要，通过建立合作共赢的合作关系，不同物流企业可以共享资源，共同发展，从而提高整体效率和降低成本。例如物流企业可以共同利用仓储设施、运输车辆等物流设备，减少闲置资源的浪费，并通过共同采购和协同运输等方式降低采购成本和运输成

本。物流企业还可以通过建立联合配送网络，实现路线优化和资源整合，提高配送效率，减少空驶率，降低环境污染。这样的资源共享与协同发展机制有助于推动物流网络的可持续发展，促进行业的健康发展。

（二）运营成本控制与效率提升

在当今物流领域，运营成本控制和效率提升是至关重要的挑战和目标，为了实现物流网络的可持续发展，物流企业积极采取措施来降低成本并提高效率。一种常见的策略是引入精细化管理和技术创新。通过采用智能化的仓储管理系统和运输调度系统，物流企业可以实现对仓储和运输过程的优化。这些系统能够自动化和智能化地处理各项任务，减少人力成本并有效降低能源消耗，从而提高整体作业效率。优化供应链管理和采购策略也是降低运营成本的重要手段。通过精细化管理库存、减少库存周转时间及与供应商的紧密合作，物流企业可以降低采购成本和库存成本，从而进一步降低总体运营成本。通过这些措施，物流企业可以在保证服务质量前提下的有效控制成本，提高竞争力，实现长期的可持续发展。

（三）安全管理与风险应对机制

在物流网络中，安全管理和风险应对是确保运营稳定和可持续发展的重要环节，物流企业应建立完善的安全管理体系，包括对运输、仓储等环节的全面监控和风险评估。通过加强对车辆、设备及货物的安全检查，可以有效预防事故的发生。建立健全的应急预案和应对机制也是至关重要的，在突发事件发生时能够迅速做出反应并采取有效的措施，最大限度地减少损失。例如加强车辆的定期维护保养，确保车辆在运输过程中的安全性；加强货物的包装和装卸作业的安全管理，减少货物在运输过程中的损坏和丢失。通过这些措施，物流企业可以有效降低安全风险，确保物流网络的安全稳定运行，为可持续发展提供保障。

（四）数据分析与决策支持系统的建立

在当今物流管理中，数据分析和决策支持系统的建立是提升运营效率和服务水平的关键举措，通过收集、整理和分析物流过程中的数据，物流企业可以全面了解运营情况，发现问题并制定相应策略。例如利用大数据分析技术可以对运输路线进行深入分析和优化，以提高运输效率并降低成本。数据挖掘技术可用于预测货物需求量，帮助企业合理调配资源，减少库存成本并确保货物供应的及时性。建立决策支持系统则为管理人员提供实时的数据监控和分析报告，使其能够快速准确地做出决策。这种系统能够及时发现问题并提供有效的解决方案，从而提高运营效率和服务水平。通过数据分析和决策支持系统的应用，物流企业可以更加科学地管理运营，有效应对市场变化，实现可持续发展的目标。

要实现物流网络的可持续发展，物流企业需要建立资源共享与协同发展机制，通过合作共赢的合作关系，共享资源、降低成本、提高效率。控制运营成本、提升效率也是关键。引入精细化管理和技术创新，优化供应链管理和采购策略，有效降低成本，提高竞争力。安全管理与风险应对同样不可或缺，建立完善的安全管理体系和应急预案，能有效保障物流网络的安全稳定运行。数据分析与决策支持系统的建立能够提升运营效率和服务水平，使物流企业更科学地管理运营，应对市场变化，实现可持续发展的目标。这些策略与管理机制相互配合，推动物流网络朝着更加健康、高效的方向发展。

第二节　三级物流体系的优化与整合

一、三级物流体系的构建与运行机制

三级物流体系作为一个涵盖供应商、生产商、分销商和最终客户的复杂网络结构，承载着从生产到消费的全流程物流活动，其运行机制和组织结构决定了整个物流系统的顺畅运转。在这一体系中，订单管理、库存管理、运输管理和配送管理等关键要素发挥着至关重要的作用，为了确保物流活动的高效执行，持续优化与改进策略显得尤为关键。通过优化物流网络组织结构、引入先进的信息技术和智能化设备、加强与供应商和客户之间的沟通和合作，三级物流体系可以适应市场需求的变化，提高整体竞争力，实现可持续发展。

（一）三级物流体系概述

三级物流体系是指由一级物流、二级物流和三级物流组成的复杂网络结构，涵盖了从供应商到最终客户的全流程物流活动。在这个体系中，一级物流指供应商与生产商之间的物流活动，二级物流是指生产商与分销商之间的物流活动，而三级物流则是指分销商与最终客户之间的物流活动。三级物流体系的概念旨在强调整个物流过程的连续性和协同性，以确保货物能够顺利、高效地从生产地点运送到消费地点。在实际运行中，三级物流体系需要各级参与者之间的紧密合作和协调，以实现物流活动的无缝连接和顺畅运行。

（二）三级物流网络的组织结构

在三级物流网络的组织结构中，供应商、生产商、分销商和最终客户是核心参与者，供应商负责向生产商提供原材料或产品零部件，确保生产所需资源的可供性。生产商原材料经过加工和生产过程转化为最终产品，负责产品的制造和质量控制。分销商则负责销售和分发产品，产品送达不同的销售渠道或零售商以便最终客户能够购买到需要的商品。最终客户是物流网络中的终点，客户是物流活动的最终目标，而需求和满意度影响整个物流网络的运作。为了更好地组织和协调这些参与者之间的合作，信息系统和运营平台起到关键的作用。通过建立物流信息系统，供应商、生产商、分销商和最终客户可以共享物流信息，包括订单、库存、运输状态等，实现信息的实时传递和跟踪。这样的信息共享促进了物流流程的可视化，提高了整个物流网络的协同性和透明度。运营平台可以帮助优化物流资源的利用和运营决策的制定。通过运营平台，参与者可以对物流过程进行监控和优化，确保物流活动的高效运行和服务质量的提升。

（三）运行机制及其关键要素

三级物流体的运行机制是保证整个物流系统顺畅运转的核心，关键要素如订单管理、库存管理、运输管理和配送管理是确保物流活动高效执行的重要环节。订单管理要求对订单进行及时、准确的处理，包括订单接收、处理、跟踪和完成，以确保供应链各环节的协同运作，避免订单错误和延误。库存管理需要根据市场需求和库存水平进行合理规划，采取适当的库存控制措施以避免库存积压或缺货现象的发生，实现库存的最优化利用。运输管理是三级物流体系中的另一个重要环节，它涉及选择合适的运输方式和路线，以确保货物能够按时、安全地送达目的地。运输管理的关键在于优化运输成本和时间，考虑货物的特性和目的地的需求，选择最佳的运输方案，提高运输效率。配送管理则是指对已运输到目的地的货物进行分拣、装车、配送等环节的管理，以确保货物能够准确送达客户手中满足客户的需求。

（四）持续优化与改进策略

为了不断提升三级物流体系的效率和服务水平，持续优化和改进至关重要。可以通过优化物流网络的组织结构来提高运营效率，这包括优化供应链布局，简化物流流程，减少不必要的中间环节，以提高物流活动的效率和灵活性。引入先进的信息技术和智能化设备是提升物流管理精细化水平的关键，借助物联网、大数据、人工智能等技术可以实现对物流过程的实时监控和预测，提高物流运作的准确性和可控性，降低成本和风险。加强与供应商和客户之间的沟通和合作也是持续优化的重要方面，建立长期稳定的合作关系，分享信息和资源，共同制定解决方案以应对市场变化和客户需求的变化。通过与供应商和客户的密切合作可以提高供应链的透明度和响应速度，减少供需之间的不确定性，提高物流效率和服务水平。

三级物流体系构建与运行机制的理解是确保物流系统高效运作的基础，从体系概述、组织结构到运行机制的详细分析可以看到其复杂性和关键性。订单管理、库存管理、运输管理和配送管理等关键要素的顺畅运作是保证物流活动顺利进行的关键环节，而持续优化与改进策略的实施则是不断提升三级物流体系效率和服务水平的必然选择。通过这些努力，三级物流体系能够更好地适应市场的变化，提高竞争力。

二、物流信息化与智能化技术在三级物流中的应用

物流信息化与智能化技术在三级物流中的应用已成为提升运作效率、增强市场竞争力的重要策略。物流信息化技术的应用包括物流信息系统、电子数据交换、物联网和移动应用程序等，通过这些技术手段，参与者可以实时跟踪货物的位置和状态进行订单管理、库存管理等操作，从而提高物流运作的效率和透明度。智能化技术的应用案例如智能仓储系统，利用自动化设备和人工智能技术，实现货物的自动化处理，进一步提高了仓库的作业效率和准确性。这里探讨物流信息化与智能化技术在三级物流中的应用情况并对其影响进行分析和总结。

（一）物流信息化技术概述

物流信息化技术是指利用信息技术手段对物流活动进行管理和优化的过程。在三级物流中物流信息化技术的应用包括但不限于物流信息系统、电子数据交换（EDI）、物联网、移动应用程序等。通过这些技术手段，参与者可以实时跟踪货物的位置和状态进行订单管理、库存管理等操作，从而提高物流运作的效率和透明度。例如物流信息系统可以整合供应链各个环节的信息，包括订单、库存、运输状态等，帮助参与者实时了解物流情况，做出相应决策，提高整体运作效率。

（二）智能化技术在三级物流中的应用案例

智能化技术在三级物流中的应用案例之一是智能仓储系统，这种系统利用自动化设备和人工智能技术，实现了货物的自动化处理，包括分拣、装载和储存等环节。例如亚马逊的机器人仓库采用了大量机器人和传感器，这些机器人可以自动移动货物并根据订单信息将它们放置在正确的位置，而传感器则负责监测库存水平和货物状态。这种智能化系统大大提高了仓库的作业效率和准确性，因为它可以 24/7 不间断地工作，而且减少了人为错误的发生。通过智能化技术，仓库管理者可以更好地应对快速变化的市场需求，提高了整个物流系统的响应速度和灵活性。

（三）数据采集与处理技术

在三级物流中，数据采集与处理技术扮演着关键的角色，通过这些技术，参与者能够实时监控物流过程并及时做出必要的决策。RFID（射频识别）技术就是其中一个典型的例子。利用 RFID 技术，货物可以被赋予独一无二的标识并通过无线射频信号进行识别和跟踪。这意味着在整个物流过程中，参与者可以随时追踪货物的位置和状态，提高了物流信息的准确性和及时性。数据采集技术还可以用于进行物流活动的分析和优化。通过收集和分析大量的物流数据，参与者可以发现潜在的问题和改进空间，从而优化物流流程，提高效率。数据采集与处理技术在三级物流中的应用，不仅可以提高物流信息的可靠性和及时性，还能够为参与者提供重要的决策支持，促进物流系统的持续优化和改进。

（四）信息系统集成与管理

信息系统集成与管理在三级物流中扮演着至关重要的角色，通过各个物流环节的信息系统进行集成可以实现信息的共享和流通，避免信息孤岛和重复录入，从而提高信息处理的效率和准确性。例如企业资源计划（ERP）系统是一种集成管理软件，它能够整合供应链各个环节的信息，包括订单、库存和财务等，实现数据的统一管理和共享。通过ERP系统，参与者可以在一个平台上完成订单处理、库存管理和财务核算等操作，避免了信息传递和处理中的错误和延误，提高了物流活动的协同性和效率。对信息系统的管理也至关重要。管理者需要确保系统的稳定性和安全性，防止信息泄露和系统故障对物流活动造成不利影响。因此，定期的系统维护和更新、加强数据安全措施等都是保证信息系统顺利运行的必要措施。信息系统集成与管理是确保物流信息化系统顺利运行的关键环节，它能够提高物流活动的协同性和效率，为参与者提供更加便捷和高效的服务。

在三级物流中，物流信息化与智能化技术的应用为参与者提供了更高效、更智能的物流服务，物流信息化技术的应用实现了信息的实时共享和流通，提高了运作的效率和透明度。智能化技术的应用则进一步提升了仓储管理的效率和准确性，使参与者能够更好地应对市场需求的变化。数据采集与处理技术的应用为参与者提供了重要的决策支持，促进物流系统的持续优化和改进。物流信息化与智能化技术的应用在未来继续发挥重要作用，为三级物流的发展注入新的活力。

三、物流服务质量评估与提升策略

在竞争激烈的物流行业中，提供优质的物流服务对企业的成功至关重要，为了实现这一目标，必须建立有效的物流服务质量评估体系并采取相应的提升策略和实施方案。这里主要探讨物流服务质量评估与提升的关键要素，包括评估体系的建立、关键绩效指标的分析与优化、客户满意度调查与反馈机制及服务质量提升策略与实施方案。

（一）物流服务质量评估体系的建立

建立完善的物流服务质量评估体系对于提升服务水平至关重要，该体系应包括客户满意度、运输准时率、货物完好率、问题处理及时性等多方面的指标。通过对这些指标的监测和评估，可以全面了解物流服务的质量状况并及时发现存在的问题和改进的空间。例如客户满意度可以通过定期的调查问卷和反馈机制进行评估，而运输准时率和货物完好率则可以通过系统数据进行监测和统计，从而建立一个客观、全面的评估体系。

（二）关键绩效指标（KPI）的分析与优化

关键绩效指标（KPI）在物流服务质量评估中扮演着至关重要的角色，针对不同的业务环节可以确定各种 KPI 来评估物流服务的质量水平。这些指标包括货物配送时间、运输成本、客户投诉率等。通过对这些 KPI 进行监控和分析可以及时发现业务环节存在的问题，并采取相应的措施进行优化和改进。例如若货物配送时间较长则需要优化运输路线或增加运力以提高配送效率，若运输成本较高则需要寻找更经济高效的运输方式。通过不断分析和优化关键绩效指标，可以持续提高物流服务质量，满足客户需求，提升竞争力。

（三）客户满意度调查与反馈机制

客户满意度调查与反馈机制是确保物流服务质量持续改进的关键环节，定期向客户发放调查问卷，通过收集反馈意见能够及时了解客户对物流服务的满意度和存在的问题。这种信息的收集和分析有助于企业快速识别并解决潜在的服务缺陷，从而提升整体服务水平。建立健全的客户反馈机制至关重要确，保客户的意见能够及时被反馈和处理。这可以通过建立客服热线、在线客服平台或设立专门的客户服务团队来实现。及时响应客户的反馈，积极解决问题，不仅能够增强客户对企业的信任和满意度，还能够提高客户的忠诚度，为企业赢得更多的业务机会和口碑。因此，客户满意度调查与反馈机制应该成为企业持续改进物流服务质量的重要组成部分。

（四）服务质量提升策略与实施方案

为提升物流服务质量，可采取多项策略和实施方案，其中加强员工培训是关键，通过提升员工的专业素养和服务意识，确保其能够胜任各项任务从而保证服务质量的稳定和提升。优化物流网络布局和运输路线是必要的措施，通过合理规划物流网络和优化运输路径可以缩短货物配送时间，提高运输效率。引入先进的信息技术和智能化设备也是重要举措，例如物联网、人工智能等，可提升物流操作的效率和准确性，进一步提升整体服务水平。通过这些策略和方案的实施，企业能够有效提升物流服务质量，增强竞争力，满足客户需求，实现持续发展。

物流服务质量评估与提升是一项复杂而又关键的任务，需要综合考虑多个因素并采取多方面的措施。通过建立完善的评估体系，监控关键绩效指标，收集客户反馈并及时响应及实施有效的提升策略，企业可以不断优化物流服务质量，提升竞争力，赢得客户的信任和满意从而实现持续发展。

四、三级物流体系整合中的合作与共赢模式

在当今竞争激烈的商业环境中，企业越来越意识到合作与共赢的重要性，尤其是在三级物流体系整合中。选择合适的合作伙伴、建立清晰的合作协议、制定合理的利益分享与风险分担机制及持续发展和管理合作关系，都是确保合作顺利进行、实现共赢的关键步骤。这里深入探讨这些方面以指导企业在三级物流体系整合中实现合作共赢。

（一）合作伙伴选择与评估标准

在选择合作伙伴时企业需要考虑多个关键因素，合作伙伴在物流行业中的声誉至关重要。具有良好声誉的合作伙伴通常能够提供可靠的服务和优质的解决方案，有助于确保物流运作的稳定性和可持续性。合作伙伴的经验和专业能力也是评估的重要标准。拥有丰富经验和专业技能的合作伙伴能够更好地理解客户需求并提供定制化的物流解决方案。合作伙伴的稳定性和可靠性也需要被重视。选择稳定可靠的合作伙伴可以降低合作风险，确保物流运作的顺畅和高效。选择合适的合作伙伴是三级物流体系整合中至关重要的一环，企业应该在评估合作伙伴时综合考虑其声誉、经验、专业能力及稳定性等因素。

（二）合作协议与契约管理

建立清晰的合作协议和契约管理体系是确保合作顺利进行的关键步骤，合作协议应该详细规定双方的责任和义务，明确服务范围、服务水平、费用结构等内容以防止日后出现歧义或纠纷。例如协议应明确规定物流服务的具体内容，如运输方式、货物保险责任等，也应规定合作期限、合同终止条件等重要条款。在契

约管理方面，需要建立有效的监控机制和沟通渠道，确保合作协议得到全面执行。这包括合同签订、履行监督和问题解决等方面的管理工作，例如可以设立专门的契约管理团队负责监督合作进展，定期进行合作绩效评估并及时解决合作中出现的问题和纠纷，以确保合作顺利进行，实现双方预期的合作目标。通过建立有效的合作协议和契约管理体系，可以为合作关系的稳定发展奠定坚实的基础。

（三）利益分享与风险分担机制

在合作中建立合理的利益分享与风险分担机制至关重要，以确保各方在合作过程中能够实现共赢。一种常见的做法是根据各方贡献的资源和能力，协商确定收益分配比例，如果一方提供了更多的资金或技术支持，那么会获得相应比例的利润或收益。这种利益分享机制能够激励各方积极参与合作，促进合作的顺利进行。在面临风险时，各方也需要共同承担责任并制定相应的风险管理措施，例如可以建立风险备份基金或购买保险来应对意外情况，或者制订危机应对计划来应对出现的挑战。通过合理分担风险可以减少合作中的损失并保护合作关系的稳定性。建立合理的利益分享和风险分担机制是实现合作共赢的重要手段，能够促进合作关系的长期发展和成功。

（四）合作关系的持续发展与管理

合作关系的持续发展和管理是确保合作顺利进行的关键，双方需要保持良好的沟通和合作态度以解决问题并推动合作关系向前发展。定期召开合作会议是一种有效的沟通方式，可以评估合作效果并及时调整合作策略和措施。这种定期的沟通平台有助于双方了解彼此的期望和需求，共同解决问题从而提高合作效率。建立良好的信任关系和合作文化也是保持合作关系稳定的关键。双方应该建立互信和尊重的基础，鼓励开放和诚实的交流。定期分享业务信息和市场趋势，共同探讨合作的改进和创新方案也是促进合作关系长期发展和成功的重要方式。通过这些举措，合作关系可以不断发展，实现共赢并给双方带来持续的利益和价值。

在三级物流体系整合中，合作与共赢模式至关重要，通过选择具有良好声誉、丰富经验和稳定可靠性的合作伙伴，建立清晰的合作协议和契约管理体系，以及制定合理的利益分享与风险分担机制可以实现各方共赢。持续发展和管理合作关系也是确保合作顺利进行的关键，双方应保持良好的沟通和合作态度，建立互信和尊重的合作文化，共同探讨合作的改进和创新方案，以促进合作关系的长期发展和成功。通过这些措施，企业可以在三级物流体系整合中实现合作共赢，实现双方的预期目标并为持续发展奠定坚实基础。

第三节　物流信息化与智能化技术应用

一、物流信息系统架构与功能设计

物流信息系统的设计与功能架构对于现代物流业务的高效运作至关重要，系统架构决定了各组成部分之间的协作方式，功能设计则直接影响到系统的实用性和适应性。在充分了解物流行业需求的基础上，一个完善的物流信息系统应该具备前端用户界面、应用服务器、数据库服务器和后端数据接口等核心组件。这种结构的设计不仅具备良好的扩展性和灵活性，也能够满足不同规模和需求的物流运营环境。在系统功能设计方面，订单管理、库存管理、运输跟踪及报表分析等要素必不可少。这些功能的完善实现，直接提升物流运作的效率和服务水平，给企业带来更大的竞争优势和客户满意度。

（一）系统架构概述

物流信息系统的架构是其设计与运作的基础，它决定了系统各组成部分的结构和相互关系。典型的物流信息系统架构包括前端用户界面、应用服务器、数据库服务器和后端数据接口等组件。前端用户界面提供给用户交互的平台，应用服务器负责处理用户请求和逻辑运算，数据库服务器存储和管理数据，后端数据接口用于与其他系统进行数据交换。这样的架构设计使得系统具备良好的扩展性和灵活性，能够适应不同规模和需求的物流运作环境。

（二）功能设计要素

在物流信息系统的功能设计中，需要考虑多个要素以满足用户需求和业务流程，其中包括订单管理、库存管理、运输跟踪、报表分析等功能。订单管理功能涵盖订单生成、处理、跟踪和结算等环节，保证订单信息准确、及时地传递和处理。库存管理功能涉及库存盘点、预警、调度等以实现库存的合理管理和优化。运输跟踪功能通过实时监控和追踪货物位置和状态，确保货物能够按时到达目的地。报表分析功能则用于对物流运营情况进行统计和分析，为决策提供依据。

（三）实时监控与追踪功能

实时监控与追踪功能在物流信息系统中扮演着关键角色，通过 GPS 定位和传感器技术，系统能够实时监控货物在运输途中的各种关键信息，如位置、温度和湿度等。例如当一家物流公司运送易腐货物时，系统可以通过传感器监测货物的温度和湿度，确保货物在适宜的环境中运输，从而保证货物的质量和安全。系统还能实时追踪货车的位置，及时发现并处理异常情况，如交通拥堵或路线偏离以确保货物能够准时送达目的地。这种实时监控与追踪功能能够有效地提升物流运输的可靠性和安全性，为客户提供更加可信赖的物流服务。

（四）订单管理与处理功能

订单管理与处理功能在物流系统中扮演着至关重要的角色，它涉及从订单接收到最终交付的整个流程，确保货物能够按时、准确地送达客户手中。例如一个电商平台的物流系统接收用户下单信息后，会自动将订单分配给最近的仓库进行备货，并根据货物的特性和目的地选择合适的运输方式进行配送。在售后服务方面，系统也需要处理退货、换货等事务，以维护客户满意度和忠诚度，如果客户对收到的货物不满意，系统可以自动触发退货流程并安排快速的退款或换货服务以满足客户的需求。通过高效的订单管理与处理功能，物流系统能够提升服务水平，增强客户体验，从而促进电商平台的业务增长和发展。

（五）库存管理与优化功能

库存管理与优化功能在物流系统中扮演着关键角色，直接影响着企业的运营成本和客户满意度。以一个零售企业的物流系统为例，通过库存管理与优化功能，企业可以根据销售数据和需求预测，自动调整库存水平，确保存货能够满足市场需求，避免库存积压或库存不足的情况发生。通过及时调整库存水平，企业可以有效控制库存成本，提高资金周转率。系统还能够优化库存布局和仓储设施的设计，提高仓储效率和空间利用率，例如根据商品的销售情况和特性，系统可以自动调整库存放置位置，减少拣货时间，提高订单处理效率。通过库存管理与优化功能的实施，企业能够有效降低库存成本，提高运营效率，从而获得竞争优势并提升客户满意度。

物流信息系统的架构与功能设计是现代物流业务成功运营的关键，通过合理的系统架构，各个组件之间能够高效协作，确保信息的准确传递和处理。在功能设计上，订单管理、库存管理、运输跟踪及报表分析等功能的完善实现，使物流企业能够更好地应对市场挑战，提升运营效率，降低成本，增强竞争力。因此，注重物流信息系统的架构与功能设计，对于推动物流行业的发展，提升整体效益具有重要意义。

二、物流智能化技术在农村物流中的应用

农村物流的发展一直受到诸多挑战的制约，包括交通不便、信息不对称和配送范围广泛等问题。这些挑战给农产品的运输和供应带来了诸多困难，影响着农村经济的发展和农民的生活。然而随着智能化技术的不断发展和应用，农村物流行业也迎来了新的机遇和挑战。这里主要探讨物流智能化技术在农村物流中的应用，从农村物流现状与挑战、智能物流技术概述以及农村物流智能化解决方案三方面展开讨论，以期为解决农村物流问题提供新的思路和方法。

（一）农村物流现状与挑战

农村物流面临多方面挑战，农村地区交通不便是一大障碍，道路状况不佳、交通资源匮乏导致物流效率低下。信息不对称是一个普遍存在的问题，农产品供应链信息不透明、信息交流不畅导致了物流过程中信息断层和资源浪费。农村地区的配送范围广泛，地域广阔、人口分散，增加了配送成本和复杂度。这些挑战使得农村物流的运作面临着巨大的压力和困难，需要寻求智能化技术的应用来解决。

（二）智能物流技术概述

智能物流技术利用先进的信息技术，如物联网、大数据和人工智能等，对物流过程进行智能化管理和优化。通过物联网可以实现对物流环节的实时监控，例

如对货物位置、温湿度等参数进行监测。大数据技术可以对海量的物流数据进行分析，从中挖掘出潜在的规律和趋势，为物流决策提供数据支持，而人工智能则能够通过算法和模型对物流过程进行智能化的预测和优化，例如对路线进行优化、对车辆调度进行智能化安排。智能物流技术的应用范围涵盖了物流全链路，包括路线优化、车辆调度、货物跟踪及库存管理等方面，为物流行业提供了更高效、更智能的解决方案。

（三）农村物流智能化解决方案

针对农村物流的特点和挑战，可以采用多种智能化技术来解决问题，利用物联网技术可以实现对农产品的远程监控和管理，例如通过在货车上安装传感器可以实时监测货物的温度和湿度，确保农产品在运输过程中的安全和质量。通过大数据分析可以对农产品的供应链进行优化。通过分析大量的数据可以更准确地预测需求和供应，优化配送路线和调整库存水平，提高物流效率和资源利用率。结合人工智能技术可以实现对配送路线的智能规划和车辆调度。通过智能算法可以根据实时交通情况和货物需求，优化配送路线并合理安排车辆，减少物流成本和运输时间。综合利用这些智能化技术可以有效解决农村物流中的诸多问题，提升农产品的运输效率和市场竞争力。

农村物流面临诸多挑战，但通过智能化技术的应用可以有效解决这些问题。物联网技术实现了对农产品的远程监控和管理，大数据分析优化了供应链管理，人工智能技术实现了智能化的配送路线规划和车辆调度。综合利用这些智能化技术可以提升农产品的运输效率和市场竞争力，促进农村经济的发展和农民生活水平的提高。随着智能物流技术的不断发展，农村物流迎来更加美好的未来。

三、物流大数据分析与预测应用

在当今高度数字化的物流领域，大数据分析和预测应用已成为物流公司提高竞争力、优化运营的关键工具。通过收集、存储和分析大量的物流数据，物流企业能够更好地理解市场需求、优化运输路线、提高运输效率，从而降低成本并提升服务质量。这里主要探讨大数据在物流中的重要性及数据采集与处理技术、物流数据分析方法等方面的应用。

（一）大数据在物流中的重要性

大数据在物流领域扮演着至关重要的角色，通过收集、存储和分析大量的物流数据，物流公司可以更好地理解市场需求、优化运输路线、提高运输效率，从而降低成本并提升服务质量。大数据技术可以帮助物流企业实现对整个供应链的端到端可见性，从而更好地应对市场变化和客户需求的波动。例如 UPS 利用大数据分析来预测包裹的运输路径和交付时间，从而实现更准确的配送计划，提高客户满意度。

（二）数据采集与处理技术

数据采集与处理技术是物流大数据分析的基础和关键环节。在数据采集方面，物流公司可以利用各种先进技术，如传感器、RFID 技术和 GPS 定位等，实时获取货物的位置、状态和环境信息。这些数据通过网络传输到中央数据库进行集中存储和管理。在数据处理方面，物流公司可以借助各种数据处理工具和技术，对海量的数据进行清洗、整合和分析。通过清洗和整合可以确保数据的质量和一致性，为后续的分析提供可靠的基础，而利用数据分析技术可以从海量数据中提取出有用的信息和规律，为物流决策提供支持和指导。综合利用数据采集与处理技术，物流公司可以更好地理解和把握物流环节的情况，实现运营的精细化管理和优化。

（三）物流数据分析方法

物流数据分析包括描述性分析、预测性分析和决策性分析三种主要方法。描述性分析通过对历史数据的统计分析，揭示物流运营过程中的规律和特征，帮助物流企业了解过去的业绩和趋势，例如通过分析过去几个季度的货物运输量和交付时间，企业可以评估自己的运输效率和服务水平，为未来的改进提供参考。预测性分析则利用数学模型和算法，基于历史数据来预测未来的趋势和事件，例如利用时间序列分析或机器学习算法，企业可以预测未来一段时间内的货物需求量、交通拥堵情况等，为运输计划和资源调配提供参考。决策性分析则是在预测的基础上进行决策，选择最优的方案来优化物流运作，例如 FedEx 利用预测分析来确定最佳的运输路线和航班安排以最大限度地减少运输时间和成本，并且通过实时监控和反馈机制不断优化决策方案，提高运营效率和服务质量。综合利用这些数据分析方法，物流企业可以更好地理解市场需求、优化运输计划、降低成本，从而提高竞争力和盈利能力。

物流大数据分析与预测应用在物流行业中发挥着至关重要的作用。通过利用先进的数据采集与处理技术，物流公司能够实现对整个供应链的端到端可见性，更好地应对市场变化和客户需求的波动。在数据分析方法方面，描述性分析、预测性分析和决策性分析为物流企业提供了有效的工具，帮助其了解过去的业绩和趋势、预测未来的趋势和事件，并在此基础上进行决策，优化物流运作。综合利用这些方法，物流企业可以更好地理解市场需求、优化运输计划、降低成本，从而提高竞争力和盈利能力。

四、物流信息安全与风险管理策略

随着数字化时代的到来，物流行业在信息化进程中取得了巨大进展，然而信息安全挑战也随之而来。物流公司在处理大量客户和供应商信息时，面临着数据泄露、网络攻击和恶意软件等多方面威胁，这不仅导致经济损失，还会损害公司的声誉。因此，物流公司必须认识到信息安全的重要性并采取相应的风险管理和保障措施，以确保业务的安全稳定运行。

（一）信息安全挑战与威胁

物流行业面临多方面的信息安全挑战和威胁，数据泄露和信息盗窃是常见问题，因为物流公司处理大量客户和供应商信息，成为黑客和内部人员的目标。网络攻击和恶意软件导致系统瘫痪、数据损坏或篡改，从而影响物流运作的正常进行。社会工程学攻击如钓鱼邮件也常被用于诈骗物流公司的员工或客户，导致经济损失和声誉受损。这些挑战需要物流公司采取有效措施，包括加强网络安全防护、增强员工安全意识、定期漏洞扫描和风险评估等，以应对不断演变的安全威胁。

（二）物流信息安全保障措施

为确保物流信息安全，物流公司采取多项保障措施，加强网络安全防护，包括建立强固的防火墙、采用加密通信及实施严格的访问控制，以防止未经授权的访问和网络攻击。通过加强员工的安全意识培训，提高员工对网络钓鱼、恶意软件等威胁的识别和防范能力，从而减少内部安全漏洞。定期进行安全漏洞扫描和风险评估能够及时发现和解决潜在的安全问题，确保系统和数据的安全性。这些措施共同构成了物流信息安全的重要保障体系，有助于防范各类安全威胁并确保物流业务的顺畅进行。

（三）风险管理与危机应对策略

在物流信息安全中风险管理是至关重要的，物流公司应建立完善的风险管理计划，包括风险识别、评估、控制和监控等环节。要对潜在的安全风险进行识别和评估，包括网络攻击、数据泄露等。采取相应的控制措施，例如加强网络安全防护、定期更新安全补丁等以减少风险发生的可能性。建立监控机制，实时监测网络流量和系统行为，及时发现异常情况并进行应对。一旦出现安全事件或危机，物流公司应立即启动应急预案。这包括迅速切断受影响的网络，启动备份系统以保证业务的连续性，并立即通知相关部门和当局进行调查和处理。要进行事后的风险评估，分析事件的原因和影响，及时调整风险管理策略以避免类似事件再次发生。如果一家物流公司发现其服务器受到了勒索软件攻击导致系统瘫痪，公司应立即启动应急预案，切断受感染的服务器，启用备份系统并通知相关部门和当局进行调查和处理。公司应对事件进行详细分析，找出漏洞所在并加强网络安全措施，以防止类似事件再次发生。这样的危机应对策略能够帮助物流公司尽快恢复业务，减少损失和影响。

（四）安全管理与监控工具

为加强信息安全管理，物流公司可以采用多种安全管理与监控工具，安装入侵检测系统（IDS）和入侵防御系统（IPS）是关键步骤，能够实时监测网络流量和异常行为，及时发现并阻止潜在的攻击行为，从而保护系统免受恶意入侵。采用安全信息和事件管理系统（SIEM）有助于物流公司集中管理和分析安全事件和日志数据，提高对安全威胁的识别和响应能力。通过这些工具的综合利用，物流公司能够更好地保障信息安全，确保业务的正常运行并保障客户信息的安全保密。如果 IDS 检测到网络中的异常流量模式，IPS 可以自动阻止潜在攻击并将相关信息报告给 SIEM 系统以便进一步分析和处理。这样的安全管理与监控工具能够帮助物流公司及时发现并应对各类安全威胁,保护信息系统的稳定性和安全性。

物流信息安全与风险管理是物流公司必须重视和应对的重要议题,面对各种安全挑战和威胁,物流公司需要采取综合的保障措施,包括加强网络安全防护、增强员工安全意识、建立完善的风险管理体系及利用安全管理与监控工具等。通过这些措施的综合应对,物流公司能够更好地保护信息安全,确保业务的正常进行并提升整体安全水平和应对能力,以适应信息化发展的新挑战。

第三章 农村电商人才培养与管理

第一节 农村电商人才需求与培养模式

一、农村电商人才需求与市场分析

随着信息技术的蓬勃发展和互联网覆盖的深入，农村电商行业正经历着蓬勃的发展，展现出多元化的趋势。政府的政策支持、农民对线上购物的需求增长及特色电商形式的兴起，给农村电商带来了巨大的发展机遇，然而这一蓬勃发展的背后也凸显出对人才的迫切需求。这里从农村电商行业的发展趋势、企业人才需求现状及预测、市场供需状况调研及农村电商人才的技能和素质要求等方面进行深入分析，旨在全面了解农村电商人才市场的现状和未来发展趋势。

（一）农村电商行业发展趋势分析

随着信息技术的普及和互联网的发展，农村电商行业正迅速崛起并呈现出多种发展趋势。随着农村地区网络基础设施的不断完善，农民对于线上购物的需求日益增长，农村电商市场潜力巨大。政府对于农村电商的支持政策不断出台，为行业发展提供了良好的政策环境。农产品电商、乡村旅游电商等特色电商形式逐渐兴起，为农村电商行业注入了新的活力。因此可以预见，农村电商行业未来呈现快速发展的趋势，吸引着越来越多的人才加入其中。

（二）农村电商企业人才需求现状及预测

目前农村电商企业对人才的需求日益增长，主要体现在技术人才、营销人才和管理人才等方面。技术人才方面，企业需要具备良好的互联网技术和数据分析能力的人才，能够开发和维护电商平台的技术人员尤为稀缺。在营销方面，需要对农产品市场深刻了解，能够制定有效的营销策略的人才，吸引消费者进行购买；而管理人才方面，则需要具备良好的团队管理和决策能力的人才，能够有效地协调资源，推动企业持续健康发展。未来随着农村电商行业的不断壮大，对人才的需求进一步增加，特别是对具备创新意识和跨界整合能力的综合型人才的需求更加迫切。

（三）农村电商人才市场供需状况调研

农村电商人才市场的调研显示，当前存在对技术型人才的巨大需求，尤其是具备互联网技术、大数据分析和人工智能等技能的人才供给相对不足。这种不平衡现象导致技术人才的市场竞争激烈，企业往往需要付出更多资源来吸引和留住这些人才。与技术人才相比，营销和管理方面的人才供给相对充足，但随着农村电商行业的迅速发展，对这些人才的需求也在逐渐增加。尽管目前市场上的竞争相对较低，但随着行业的不断壮大，预计这一状况会改变，市场竞争进一步加剧。因此，对于农村电商人才市场的供需状况，企业需要及时调整人才战略，不断提升自身的吸引力以应对日益激烈的竞争环境。

（四）农村电商人才的技能和素质要求分析

农村电商人才必须具备多方面的技能和素质以适应行业的发展需求，需要具备扎实的互联网技术能力，包括网站建设、数据分析等方面的技能，以确保电商平台的正常运行和持续优化。具备较强的市场洞察力和营销能力至关重要，能够深入了解农产品市场的特点和消费者需求，制定精准的营销策略，提升品牌知名度和销售额。良好的沟通能力和团队合作能力也是必备的，能够与团队成员和合作伙伴有效沟通，协调资源，推动项目的顺利进行。创新能力也是农村电商人才应具备的素质之一，能够不断探索新的商业模式和服务方式，给企业带来竞争优势和持续发展动力。农村电商人才需求不仅在于技术方面的能力，更需要全面发展，具备多方面的能力和素质，以应对行业快速发展和激烈竞争的挑战。

农村电商行业的迅速崛起带来了巨大的发展机遇，但也对人才提出了更高的要求。技术人才、营销人才和管理人才的需求不断增长，尤其是对具备互联网技术、市场洞察力和团队合作能力的综合型人才的需求更加迫切。当前市场供需状况显示，技术型人才供给不足，而市场竞争激烈，因此，企业需要及时调整人才战略，提升自身吸引力。农村电商人才不仅需要具备技术能力，更需要全面发展以应对行业快速发展和激烈竞争的挑战。

二、农村电商人才培养模式探索与实践

农村电商的蓬勃发展为培养满足行业需求的专业人才提出了挑战与机遇，在这个背景下，各种培养模式不断探索与实践，以期为学生提供更有效的学习体验和就业竞争力。这里主要探讨实践型培养、产学结合模式及线上线下结合的培养模式在农村电商人才培养中的应用与意义，分析创新型培养模式对农村电商人才培养的影响与意义，旨在全面了解当前农村电商人才培养领域的最新进展与趋势。

（一）实践型培养模式在农村电商人才培养中的应用

实践型培养模式在农村电商人才培养中扮演着重要角色，通过理论知识与实际操作相结合，学生能够更好地理解和掌握电商运营的各个环节。例如一些高校开设了农村电商实训基地，让学生深入实地了解电商平台的运营管理和营销策略制定。在这种模式下，学生通过参与实际项目，接触真实数据，提升了解决问题的能力和实践操作的技能，为未来从事农村电商工作打下了坚实基础。

（二）产学结合模式在农村电商人才培养中的实践探索

产学结合模式在农村电商人才培养中扮演着关键角色，通过与企业合作开展项目，学生能够在真实的工作环境中学习并应用所学知识，例如某高校与一家农村电商企业合作，学生参与了该企业的电商平台建设与运营。学生通过与企业员工的密切合作，了解了平台开发的流程和技术要求并学习了产品推广和客户服务的实践技能。这种实践性学习不仅使学生更加了解电商行业的实际运作，还为未来的职业发展提供了宝贵经验。学生的参与也为企业注入了新鲜的思维和创意，促进了企业的发展和创新。因此，产学结合模式在农村电商人才培养中具有重要意义，能够有效地提升学生的实践能力和就业竞争力，也为企业输送了符合市场需求的人才。

（三）线上线下结合的培养模式实践案例分析

线上线下结合的培养模式在现代教育中扮演着重要角色，为学生提供了更加灵活和综合的学习体验。以电商人才培养为例，一些培训机构采用了这种模式，

通过开设在线课程让学生可以在家中便利地学习电商知识，包括电子商务的基础理论、市场分析、营销策略等内容。这种线上学习的方式不仅节省了学生的时间和精力，还提供了随时随地学习的便利。这些培训机构也非常重视实践环节，通过安排线下实践活动来加强学生的实际操作能力，比如组织企业考察活动让学生实地了解电商企业的运营模式、管理机制和市场情况；还会组织实地操作实践，让学生亲身参与电商平台的搭建、产品推广和客户服务等活动，从而更加深入地了解电商行业的各方面。

（四）创新型培养模式对农村电商人才培养的影响与意义

创新型培养模式对农村电商人才培养的影响与意义是多方面的，它为培养具有创新精神和实践能力的人才提供了重要支持，并对农村电商行业的发展起到促进作用。创新型培养模式通过开展创新项目和组织创业比赛等活动，激发了学生的创新意识和团队合作精神。在这些项目和比赛中，学生需要提出新颖的创意、解决实际问题，并与团队成员合作完成任务。这种实践性的学习方式培养了学生的创新能力、沟通能力和团队协作能力，使学生具备更好地适应未来工作环境的能力。创新型培养模式培养了学生解决问题的能力和创业精神，在创新项目和创业比赛中学生面临各种挑战和难题，需要通过思考、分析和实践来解决。这种锻炼使他们具备了解决实际问题的能力，也培养了创业意识和胆识，愿意承担风险并寻求新的发展机遇。创新型培养模式对农村电商行业的发展具有积极意义，培养具有创新精神和实践能力的人才可以为农村电商行业注入新的活力和创新力。他们能够应对行业发展中的挑战和变化，推动企业不断创新和进步，促进整个行业的健康发展。

通过实践型培养模式，学生能够在真实的电商运营环境中获得丰富的经验与技能，为未来的职业发展奠定坚实基础。产学结合模式促进了学生与企业之间的密切合作，使学生不仅掌握了理论知识，还能够应用于实际项目中，为企业输送了符合市场需求的人才。线上线下结合的培养模式为学生提供了更加灵活和综合的学习体验，使他们可以随时随地学习电商知识，并通过实地操作加强实践能力。而创新型培养模式则在激发学生创新意识和实践能力方面发挥着重要作用，为农村电商行业的发展注入了新的活力和创新力。各种培养模式的探索与实践为农村电商人才培养提供多样性与机遇，推动行业持续健康发展。

三、农村电商人才培训课程设置与内容设计

随着互联网技术的飞速发展，农村电商正成为促进乡村振兴、增加农民收入的重要途径之一。然而要在农村电商领域取得成功，人才培训至关重要。为此设计了农村电商人才培训课程，涵盖了基础知识、营销策略、平台操作与技能培训及创业实践等方面，本节对这些课程内容进行详细介绍与总结。

（一）农村电商基础知识培训课程设置及内容安排

农村电商基础知识培训旨在为学员打下坚实的理论基础，使其能够全面了解电商行业的基本概念、发展历程及相关政策法规。课程设置应包括电子商务概述、农村电商发展趋势、电商平台类型与特点、农产品电商运营模式等内容。例如电子商务概述部分可以介绍电子商务的定义、特点和优势，让学员对电商行业有一个整体的认识；农村电商发展趋势部分可以分析当前农村电商的发展现状与未来趋势，帮助学员把握行业发展的方向。通过系统的基础知识培训，学员建立起对农村电商行业的全面认知，为后续学习和实践奠定基础。

（二）农村电商营销策略与实战课程设计

农村电商营销策略与实战课程旨在教授学员如何制定和实施有效的营销策略，提高农村电商的市场竞争力。课程内容应包括市场分析、目标客户定位、产品定价、促销策略等方面，例如市场分析部分可以介绍如何进行市场调研、竞争对手分析及如何把握市场需求和趋势，目标客户定位部分可以帮助学员确定目标客户群体并制定，针对性的营销策略。通过理论与实践相结合的教学方法，学员能够掌握营销策略的核心要点并能够灵活运用于实际运营中。

（三）农村电商平台操作与技能培训内容规划

农村电商平台操作与技能培训旨在培养学员掌握电商平台的操作技能，包括平台搭建、产品发布、订单管理、客户服务等方面。课程内容应包括平台选择与搭建、商品管理、物流配送、支付结算等内容，例如平台选择与搭建部分可以介绍常见的电商平台及其特点及如何根据自身需求选择适合的平台并进行搭建，商

品管理部分可以教授学员如何发布商品、管理库存、设置价格等操作。通过系统的平台操作与技能培训，学员能够熟练运用各种电商平台进行产品销售与管理。

（四）农村电商创业实践课程设计

农村电商创业实践课程旨在为有创业意向的学员提供实践指导与支持，帮助其顺利开展创业项目。课程内容应包括商业计划书编写、项目策划与实施、风险管理与应对等方面，例如商业计划书编写部分可以教授学员如何撰写详细的商业计划书，包括市场分析、运营策略、财务预测等内容；项目策划与实施部分可以指导学员如何制订项目实施计划、分配资源、监督执行等。通过实践课程的设计与实施，学员能够全面了解创业过程中的各个环节，提升创业项目的成功率与可持续发展能力。

通过本课程设置与内容设计，学员能够全面掌握农村电商的基础知识，具备制定和实施有效营销策略的能力，掌握电商平台操作技能并具备开展农村电商创业实践的基础。这有助于培养更多的农村电商人才，推动农村电商行业的健康发展，促进农村经济的繁荣与发展。

四、农村电商人才培养机制与政策支持

随着信息技术的飞速发展和互联网的普及，农村电商正成为推动乡村振兴和农民增收的重要途径之一，然而农村电商的发展离不开人才的支撑和培养。在这一背景下，政府、企业和各界积极响应，共同致力于构建健全的农村电商人才培养机制，并提供政策支持以推动人才培训工作的开展。这里就政府在农村电商人才培养中的政策支持措施、企业建立健全的人才培养机制、农村电商人才培养机制建设中的挑战与对策，以及农村电商人才培养机制的可持续发展策略进行深入探讨与分析。

（一）政府在农村电商人才培养中的政策支持措施分析

政府在农村电商人才培养方面采取了多项政策支持措施以促进人才培训的开展和提升，其中包括财政资金扶持、设立专项培训基地、制定奖励政策等。例如政府可以通过财政补贴、奖学金等形式，资助农村电商人才的培养与学习；建立专门的农村电商人才培训基地，提供优质的培训资源和平台，为学员提供更加全

面的学习环境和实践机会。政府还可以出台相关奖励政策，鼓励企业和个人积极参与农村电商人才培养，提高培训质量和效果。这些政策支持措施的实施有助于吸引更多的人才投身于农村电商行业，推动行业的健康发展。

（二）企业建立健全的人才培养机制与政策解读

企业在农村电商人才培养方面扮演着重要角色，需要建立健全的人才培养机制来吸引、培养和留住优秀人才。这包括制订培训计划、建立导师制度、提供培训资源等。例如企业可以根据自身发展需求，制订针对性的培训计划，包括以下方面：内部培训和外部培训，为员工提供系统的培训课程；建立导师制度，由资深员工或行业专家担任导师，指导新人学习成长，增强培训效果和质量。企业还可以提供多样化的培训资源，包括线上课程、培训讲座、实践项目等，满足员工不同学习需求。企业需要解读政府相关政策，充分利用政策支持，加强对人才培养的投入和支持，提升企业的核心竞争力和可持续发展能力。

（三）农村电商人才培养机制建设中的挑战与对策

在农村电商人才培养机制建设过程中面临着一些挑战，如培训资源不足、培训质量参差不齐、人才流动性较大等。针对这些挑战可以采取一些对策来加以应对，例如建立健全的培训资源共享机制，充分利用各方资源，提高培训资源的利用率和效益；加强培训机构和师资队伍建设，提高培训质量和水平确保培训效果；采取激励措施，留住优秀人才，减少人才流失，保障人才队伍的稳定性和连续性。通过积极应对这些挑战可以进一步提升农村电商人才培养的质量和水平。

（四）农村电商人才培养机制的可持续发展策略探讨

为了实现农村电商人才培养机制的可持续发展，需要制定相应的策略和措施，确保培养机制的长期有效运行，其中包括建立健全的评估机制、加强行业协作与交流、持续提升培训内容与方式等。例如建立健全的评估机制，定期对培训效果进行评估和反馈，及时调整和改进培训方案，保持培训的针对性和实效性；加强行业协作与交流，促进不同培训机构和企业之间的合作与交流，共同推动人才培养工作的开展和提升。持续提升培训内容与方式，及时跟进行业发展和需求变化，更新培训内容，拓展培训方式，提高培训的适应性和前瞻性。通过这些可持续发展策略的探讨和实施，可以保障农村电商人才培养机制的长期稳定发展。

农村电商人才培养机制的建设和政策支持是促进农村电商行业健康发展的重要保障，政府在政策层面提供资金支持和奖励政策，企业建立健全的培养机制，共同推动了农村电商人才培养的进程，然而仍面临着培训资源不足、培训质量参差不齐等挑战。针对这些挑战，需要建立资源共享机制、加强师资队伍建设并制定可持续发展策略，以确保农村电商人才培养机制的长期有效运行，为农村电商行业的持续发展注入源源不断的人才支持。

第二节 电商人才培养的政策支持与实践

一、政府对农村电商人才培养的政策支持与引导

政府在促进农村电商人才培养方面采取了一系列政策支持和引导措施，以推动农村电商行业的发展和壮大。这些政策涵盖了财政资金扶持、设立专项培训基地、奖励政策及鼓励企业参与培训等方面，为培养更多优秀的电商人才提供了坚实的支撑和保障。

（一）财政资金扶持措施分析

政府在促进农村电商人才培养方面采取了财政资金扶持措施，其中包括设立专项基金和发放培训补贴，例如某省政府在上一年度投入了 X 亿元用于支持农村电商人才培养项目，这些资金主要用于资助培训机构提供培训服务及向参与培训的农村人才发放培训津贴。这些措施有助于降低农村人才参与培训的经济负担，激发了学习积极性，有效推动了农村电商人才的培养和发展。

（二）政府设立的专项培训基地情况解读

政府设立的专项培训基地在农村电商人才培养中扮演着关键角色，这些基地不仅提供全面的培训课程，还为学员提供了丰富的实践机会，涵盖了电商运营、营销策略、物流管理等多方面。例如某市政府投资兴建的农村电商人才培训基地

配备了先进的电商实训设施和专业的师资团队，这些基地吸引了大量农村青年参与培训，为他们提供了学习、实践和交流的平台。通过这些基地，学员不仅能够获取到专业知识和技能，还能够在实践中不断提升自己，为今后的就业创业奠定了坚实的基础。政府设立的专项培训基地为农村电商人才培养提供了重要支持和保障，推动了农村电商行业的发展和壮大。

（三）奖励政策对农村电商人才培养的影响评估

政府针对农村电商人才培养所制定的奖励政策在培养效果上发挥了积极的影响，例如一些地方建立了电商人才培养奖励基金，对在培训中表现优异并成功创业或就业的人才提供奖励资助。这一政策的实施激励了更多农村青年积极参与电商培训，进一步激发了创业热情和动力。通过这种奖励机制，农村青年在培训过程中不仅能够获得专业知识和技能，还能够在成功创业或就业后得到一定的奖励和资助，增强了获得感和认同感，进而推动了农村电商人才培养工作的顺利开展。综合评估来看，奖励政策对于农村电商人才培养的促进作用十分明显，为培养出更多优秀的电商人才提供了有力支持。

（四）政府鼓励企业参与培训的具体政策措施

政府采取了多种具体政策措施，鼓励企业参与农村电商人才培训以推动该领域的发展。例如某地政府为激励企业参与农村电商人才培训，实施了税收优惠政策，减免了相关培训活动所需的土地租金。政府还提供了免费的培训场地和设施，为企业提供了良好的培训条件。这些措施吸引了更多企业积极参与到农村电商人才培养工作中，促进了培训资源的充分利用和人才培养的顺利开展。通过政府的政策支持，企业在培训农村电商人才的同时，也为自身的发展培养了更多专业人才，实现了双赢。

政府对农村电商人才培养的政策支持和引导措施取得了显著成效，财政资金扶持措施降低了农村人才参与培训的经济负担，设立的专项培训基地为学员提供了优质的培训资源，奖励政策激发了农村青年的学习积极性和创业热情，而鼓励企业参与培训的政策措施则促进了培训资源的充分利用和人才培养工作的顺利开展。这些政策的实施为农村电商人才的培养和发展提供了有力支持，为农村电商行业的蓬勃发展注入了新的活力。

二、企业在农村电商人才培养中的角色与实践

在农村电商迅速发展的今天，培养具备专业知识和实践技能的人才成为企业发展的关键因素之一。企业在农村电商人才培养中扮演着重要角色通过制订培训计划、实施导师制度及提供多样化培训资源等方式，积极推动人才的培养和发展。企业还应充分利用政府相关政策支持以促进人才培养工作的顺利进行。这里分析企业在农村电商人才培养中的角色与实践，并探讨企业如何解读并充分利用政府相关政策支持的实践案例。

（一）企业制订的培训计划与执行情况分析

在农村电商人才培养中，企业的培训计划制订和执行至关重要，通过深入的市场调研和需求分析，企业能够量身定制符合实际需求的培训计划。这些计划通常涵盖了电商运营、营销策略、客户服务等多方面，以确保学员能够全面掌握相关知识和技能。例如一些电商企业会组织线上课程，便于学员灵活学习；举办实地实习活动或提供导师指导，让学员能够在实践中加深理解、提升技能。这些培训形式的多样性有助于满足不同学员的学习需求，增强培训效果，从而为农村电商人才的培养和发展提供有力支持。

（二）导师制度在企业中的应用与效果评价

在企业中，导师制度在农村电商人才培养中发挥着重要作用，通过导师制度，有经验的员工可以担任新人的导师，为他们提供个性化的指导和支持，帮助他们更快地适应工作环境并提升工作效率和质量。导师会与学员分享自己的实战经验，指导他们解决工作中遇到的问题，传授电商运营、营销策略等方面的专业知识和技能。这种一对一的指导方式可以更好地促进学员的成长与发展，提高其工作水平和竞争力。导师制度的应用效果也得到了广泛的认可，通过与有经验的导师互动学习，学员可以更快地掌握电商领域的知识和技能，提高工作效率。导师能够帮助学员更好地理解实际工作中的挑战，并提供解决问题的方法和策略，从而提升工作质量。导师制度也促进了企业内部的人才培养和传承，有助于形成良好的企业文化和团队合作氛围。因此，导师制度在企业中的应用对于农村电商人才培养具有积极的效果和意义。

（三）多样化培训资源的提供及其效果分析

企业为农村电商人才培养提供多样化的培训资源，如线上课程、实地实习和专业讲座等，这些资源的提供丰富了学员的学习渠道。线上课程提供了灵活的学习时间和地点，方便学员根据自身情况进行学习安排，尤其适合那些时间不便的学员。实地实习则让学员有机会在真实的工作环境中学习和实践，加深对电商行业的了解并培养实战能力，而专业讲座则为学员提供了与行业专家面对面交流的机会，获取最新的行业动态和实践经验。这种多样化的培训资源提供方式有助于满足不同学员的学习需求和学习方式偏好，增强了培训的灵活性和针对性。学员可以根据自己的实际情况选择最适合的学习方式，提高学习的效率和质量。通过实践和交流，学员能够更加全面地了解电商行业，不断提升自己的能力和竞争力，更好地适应市场的需求和变化。因此，企业提供多样化培训资源的做法对于农村电商人才的培养效果具有积极的促进作用。

（四）企业解读并充分利用政府相关政策支持的实践案例

企业应深入理解并充分利用政府相关政策支持，以推动自身发展和农村电商人才培养工作。企业可以积极申请政府提供的培训补贴或奖励资助，这些补贴可以有效减轻培训成本，提高培训效益。例如政府会提供针对电商人才培训的专项资金或补贴项目，企业可以通过申请获得资金支持，从而开展更具规模和深度的培训活动。企业还可以利用政府设立的专项基金或基地资源，开展更广泛、深入的培训活动。政府通常会建立一些农村电商人才培训基地或平台，提供场地、设备和专业培训师资源，企业可以与这些基地合作，共同开展培训项目。通过利用政府资源，企业不仅可以扩大培训规模，还能够提高培训质量，满足更多农村电商人才的培养需求。

企业在农村电商人才培养中发挥着至关重要的作用，通过制订切实可行的培训计划，实施有效的导师制度并提供多样化的培训资源，为农村电商人才的培养和发展提供有力支持。充分利用政府相关政策支持也是企业发展的重要策略之一，通过申请培训补贴、利用政府基金和资源等方式，企业能够更好地推动人才培养工作，提升自身竞争力，实现可持续发展。

三、高校与培训机构在农村电商人才培养中的作用与合作

农村电商的兴起地方经济发展带来了新的机遇与挑战，而培养合格的电商人才则成为关键。在这一过程中，高校和培训机构扮演着重要角色，它们通过不同的方式与方法共同助力农村电商人才的培养。这里就高校和培训机构在农村电商人才培养中的作用与合作展开探讨，分析其课程设置、教学实践、角色定位及资源共享等方面的重要性。

（一）高校针对农村电商人才培养的课程设置与教学实践情况分析

高校在农村电商人才培养方面通常会设置与电商相关的课程，涵盖电子商务概论、电商运营管理、电子商务法律法规等内容。这些课程旨在为学生提供全面的电商知识体系，帮助他们理解电商行业的基本概念、发展趋势及相关政策法规。高校还会结合实践案例和项目实践，加强学生的实践能力和创新思维，例如学生会参与模拟电商项目，从策划到运营全程参与，锻炼实战能力。教学实践方面，一些高校会与农村电商企业合作，开展实地考察和实习活动，让学生亲身体验电商行业的运作模式和挑战，从而更好地融入实际工作环境。

（二）培训机构在农村电商人才培养中的角色与定位探讨

在农村电商人才培养中，培训机构扮演着灵活而实践性强的角色，相较于传统高校教育，培训机构更加注重培养学员的实战能力和实用技能。他们通常开设广泛的课程，涵盖电商创业规划、营销推广等方面，以帮助学员迅速掌握所需技能并适应市场的需求变化。培训机构还与企业合作，邀请行业专家和成功创业者举办讲座和进行指导，为学员提供更具有针对性的培训服务。由于培训机构的灵活性和专业性，他们能够更快速地满足市场需求，为农村电商人才的培养提供有效支持。

（三）高校与培训机构充分利用行业资源开展实践教学的经验分享

高校与培训机构之间的合作是推动农村电商人才培养的关键，通过开展合作项目，这两者能够充分利用行业资源开展实践教学并分享经验和资源。一种常见的合作方式是高校邀请培训机构的专家教师来校进行实践教学。这些专家教师通

常具有丰富的实战经验和行业洞察力，能够为学生提供更具实践意义的教学内容和案例分析，丰富了课堂教学的多样性并能够帮助学生更好地理解和应用所学知识。培训机构也可以与高校合作，提供实践项目和实习机会。通过与企业合作，培训机构可以为学生提供更加贴近实际的工作环境和项目实践机会，让他们在真实的电商场景中学习和实践。这种实践教学方式能够让学生更快地掌握实用技能并培养解决问题的能力和创新思维。通过高校与培训机构之间的合作可以实现资源共享、优势互补，为学生提供更全面、实用的教育培训服务。高校的理论知识和学术研究能够与培训机构的实践经验和行业资源相结合，为学生提供更具实效性的教学内容和学习机会。这种合作模式不仅有利于学生的全面发展，也有助于促进农村电商人才的培养和行业发展的良性循环。

高校和培训机构在农村电商人才培养中发挥着各自独特的作用，互相合作共同推动着该领域人才的培养和发展。高校通过丰富的课程设置和实践教学，为学生提供了理论基础和实践经验；而培训机构则注重培养学员的实战能力和实用技能，更加灵活地满足市场需求。二者之间的合作使得行业资源得以充分利用，不仅为学生提供更全面、实用的教育培训服务，也为农村电商人才的培养和行业的发展提供了有效支持。

第三节　农村电商人才创业与就业支持

一、农村电商人才创业政策与支持措施

农村电商人才创业是当前经济发展中备受关注的焦点之一，为了促进这一领域的健康发展，政府出台了一系列支持措施和政策，以资金扶持、创业培训、税收优惠等形式助力农村电商人才的创业创新。在这个过程中，政府资金的扶持、创业培训的加强及税收优惠政策的实施成为关键举措，为农村电商人才提供了更加有利的创业环境和条件。

（一）政府资金扶持政策

政府在农村电商人才创业方面实施了多项资金扶持政策，旨在鼓励更多人才

投身电商行业，推动农村经济发展。例如各级政府可以设立专项资金，用于支持农村电商人才的创业项目，提供创业启动资金或补贴。政府还可以为符合条件的创业者提供贷款担保服务，降低创业者的融资难度和风险。例如某地政府设立了农村电商创业基金，每年拨款支持一批有创业潜力的农村电商人才，资助其开展创业项目，如建立农产品电商平台、发展乡村旅游电商等。

（二）创业培训与指导

为了提升农村电商人才的创业能力和水平，政府积极开展了一系列创业培训与指导活动。这些活动包括举办创业培训班、组织创业导师指导和举办创业经验交流会等。例如某地政府每年都会举办农村电商创业培训班，邀请电商领域的专家学者和成功创业者进行授课，传授创业经验和技巧。这些课程涵盖市场调研、商业模式设计、风险管理等方面，帮助创业者建立起全面的创业思维和能力。政府还指定专门的创业导师团队，为创业者提供个性化的创业指导和咨询服务，帮助他们解决创业过程中的各种问题和困难。这些创业导师通常具有丰富的行业经验和资源，能够为创业者提供有针对性的指导和支持，帮助他们更加顺利地开展创业活动。通过这些创业培训与指导活动，政府有效提升了农村电商人才的创业能力和竞争力，促进了电商行业的健康发展。

（三）税收优惠政策

为了减轻农村电商人才的负担，政府实施了一系列税收优惠政策，这些政策主要包括减免税和税收优惠等方面，例如某地政府对农村电商企业实行免征增值税、所得税等税收政策，或者给予税收抵免和减免的优惠政策。这意味着，农村电商企业在发展过程中可以享受到更低的税收政策，有利于他们保持良好的经营状态和竞争力。税收优惠政策也促进了更多人才投身农村电商创业，增强了创业者的信心和活力例如一家农村电商企业在享受政府税收减免政策后，实际减少了大量税负，从而可以将更多资金用于企业发展和创新，推动了企业的可持续发展和行业竞争力的提升。这些税收优惠政策的实施，有效促进了农村电商行业的发展，为人才创业提供了更加良好的环境和条件。

（四）政策宣传与落实情况

农村电商人才创业与就业的政策与支持措施在近年来得到了不断加强和推

广。政府通过各类宣传活动和政策说明会，向农村地区广泛传达农村电商人才创业的政策利好和支持政策。这些宣传活动涵盖了政策的具体内容、申请条件、申报流程等，帮助潜在创业者了解并获得相关政策信息。政府在实施过程中注重政策的落实执行。通过设立专门的政策落实部门或机构，加强对政策执行情况的监督和评估，确保政策措施能够有效落地，真正惠及到农村电商人才。

综合政府资金扶持政策、创业培训与指导措施及税收优惠政策的实施情况来看，政府在支持农村电商人才创业方面积极发挥了引导作用。通过设立专项资金、开展创业培训、提供税收优惠等措施，政府有效地降低了农村电商人才的创业门槛，激发了创业热情和活力，为农村电商行业的蓬勃发展提供了有力支持，然而政策宣传与落实仍需进一步加强确保政策落地生根，让更多的农村电商人才受益，推动农村经济的持续增长和社会的全面进步。

二、农村电商人才就业机会与发展前景

农村电商行业正处于快速发展的关键时期，成为推动乡村经济发展和促进农民增收致富的重要引擎之一，在数字经济的浪潮下电子商务已经深入中国广袤的乡村地区，为农产品销售、乡村旅游、特色产品推广等提供了新的发展机遇。来这里就农村电商人才就业机会与发展前景展开深入探讨，分析电商产业的发展趋势、就业岗位需求及人才培养与供给状况，为读者提供全面了解和把握未来农村电商行业发展的视角。

（一）电商产业发展趋势

随着数字经济蓬勃发展，电子商务已经成为农村经济发展中不可或缺的一部分。电商产业在农村地区的快速发展趋势受到多重因素的推动。随着 5G 技术的普及和物联网技术的应用，农村地区的网络基础设施和数字化水平得到了显著提升，为农村电商的发展创造了更加良好的条件。消费者对于便捷、多样化的购物方式的需求不断增加，农村电商满足了这一需求，吸引了更多用户和企业入驻。政府对于电商产业的支持力度也在不断加大，通过政策引导和资金扶持等方式促进了农村电商的繁荣发展。预计未来几年，随着技术不断创新和市场需求持续扩大，农村电商市场规模进一步扩大，涵盖的产品和服务领域也更加多样化，为农村电商人才提供广阔的就业机会和发展空间。这将促进农村经济的转型升级，推

动乡村振兴战略取得更大成效。

（二）就业岗位需求分析

农村电商市场的蓬勃发展，对各类电商人才的需求日益增长。传统岗位如电商平台运营、客服和仓储等仍然是市场的主要需求，但随着行业的不断创新，新型岗位也日益受到青睐。数据分析师在电商行业中扮演着关键角色，他们负责解读用户行为数据，优化产品推广和销售策略。网络营销师则负责制定并执行各种网络营销活动，提升品牌知名度和销售额。内容编辑则致力于创作吸引人的内容，提升产品的吸引力和竞争力。这些新兴岗位对具备相关技能和经验的人才有着较高的需求，也为农村电商人才提供了更广阔的发展空间和更多的可能性。因此，不断提升自身技能，适应市场需求的变化，有助于农村电商人才在竞争激烈的市场中脱颖而出，实现个人职业发展的突破与增长。

（三）人才培养与供给状况

目前农村电商人才的培养状况存在一定的不足，主要表现在教育资源和培训机构的相对匮乏。许多农村地区缺乏专业的电商人才培训机构，导致有志于从事电商行业的人才面临着学习和培训渠道的不足。一些地区的教育资源相对有限，缺乏与电商相关的课程设置和教学资源，限制了农村青年的电商知识学习和技能培养。针对这一问题，一些地方政府和企业已经开始积极探索培养电商人才的新模式，例如一些地方政府与互联网企业合作，开展针对农村青年的电商人才培训项目，提供系统化的培训课程和实践机会，帮助学员掌握电商运营、营销策略等实用技能。一些地区还通过举办电商人才大赛等活动，激发农村青年的创业热情，培养其创新意识和团队合作能力。这些举措有助于提高农村电商人才的培养水平和供给质量，为农村电商行业的持续发展注入新的活力和动力。

随着数字经济的蓬勃发展，农村电商行业正呈现出蓬勃的发展态势。从电商产业的发展趋势可以看出，5G（第五代移动通信技术）、物联网等新兴技术的应用进一步推动农村电商市场规模扩大、产品与服务领域多样化。这为农村电商人才提供了广阔的就业机会。在就业岗位需求方面，除了传统的电商平台运营、客服等岗位外，新兴岗位如数据分析师、网络营销师也呈现出快速增长的态势。然而，农村电商人才的培养与供给仍存在一定不足，需要政府和企业加大力度，提供更多的培训和支持以满足市场需求。通过不懈的努力和持续的培训，农村电商人才为农村经济的转型升级和乡村振兴战略的实施贡献更多力量。

三、电商人才创业孵化平台与资源整合

在当今数字化时代，电商行业成为推动经济增长和促进就业的重要引擎之一，特别是在农村地区，电商创业为农民提供了新的致富途径，也为农产品的销售提供了便利渠道。然而，农村电商的发展仍面临着诸多挑战，其中包括人才短缺、资源匮乏等问题。为了解决这些问题创业孵化平台的建设、资源整合与对接服务、技术与人才培训显得尤为重要。这里对这些方面进行详细探讨，以期为农村电商人才的发展提供有效支持。

（一）创业孵化平台建设

创业孵化平台在促进农村电商人才的创业和发展方面扮演着关键角色。这些平台为创业者提供了宝贵的资源和支持，帮助他们实现创业梦想。例如某地政府积极推动农村电商创业孵化基地的建设，为创业者提供免费的办公场地和网络设施，让他们能够在良好的环境中进行工作。孵化基地还提供法律、财务等方面的咨询服务，帮助创业者解决在创业过程中遇到的各种问题。组织各类创业讲座和培训活动，为创业者提供实用的管理和营销知识，助力他们快速成长和成功。这样的创业孵化平台为农村电商人才提供了宝贵的支持和机会，推动了农村电商行业的健康发展。

（二）资源整合与对接服务

为了有效支持农村电商人才的创业活动，资源整合与对接服务至关重要。这意味着各种资源，如资金、技术和市场，与农村电商创业者进行有机对接以实现互利共赢，例如一些电商企业积极与当地农产品合作社合作，为其提供电商平台搭建和运营支持。通过这种合作，合作社能够将优质的农产品销售到全国各地，也为当地农民提供了线上销售的便利渠道，促进了农产品的市场化和增收效应。引入风险投资机构也是支持，农村电商创业的重要手段。这些机构可以为有潜力的农村电商项目提供资金支持帮助其快速发展壮大，实现长期可持续发展。通过资源整合与对接服务可以最大限度地释放农村电商人才的创业潜能，推动农村电商行业的蓬勃发展。

(三) 技术与人才培训

为了提升农村电商人才的技术水平，技术与人才培训显得尤为重要。以某地为例，他们设立了专门的农村电商人才培训中心，这个中心引进了一批来自电商行业的专业人才和教育资源。在这个中心，他们开设了一系列针对不同层次人群的培训课程，涵盖了电商平台搭建、运营管理、营销策略等方面的知识和技能。通过这些培训课程，学员能够系统地学习到电商行业的相关知识，并通过实际案例的讲解和分析，更好地理解和掌握所学内容。该地还积极开展校企合作项目，与电商企业合作为学员提供实践机会。通过与企业的合作，学员能够参与真实的项目实践，了解实际工作中的挑战和解决方案，提升自己的实战能力和经验。这种校企合作不仅有助于学员理论知识与实践技能相结合，还能够培养学员的团队合作意识和创新能力，使他们更好地适应和应对未来电商行业的发展挑战。通过技术与人才培训的不断加强，农村电商人才能够更好地适应行业发展的需求，为乡村振兴和农村经济的发展做出更大的贡献。

农村电商人才的培养与发展是推动乡村振兴、促进农村经济发展的关键之举，通过建设创业孵化平台，整合各类资源并与农村电商创业者进行有机对接，以及加强技术与人才培训，可以有效地促进农村电商人才的创业活动和成长。这些举措不仅有助于解决当前农村电商发展中的问题，也为未来农村经济的可持续发展奠定了坚实的基础。

第四节　农产品供应链人才培养

一、农产品供应链基础知识

农产品供应链作为一个庞大而复杂的网络体系，连接着从农产品生产者到消费者的各个环节和参与者。它涵盖了生产、采购、加工、仓储、物流和销售等多个环节，需要综合考虑信息流、资金流和物流等各方面内容。这里深入探讨农产品供应链的基础知识，重点关注农产品采购与供应环节、供应链中的库存管理和控制，以及农产品物流与配送管理，以帮助读者更好地理解和运用农产品供应链管理的相关知识。

（一）农产品供应链概述

农产品供应链是一个从农产品生产者到消费者手中的复杂网络体系，涵盖了多个环节和参与者。它涉及生产环节，包括农民种植或养殖农产品的过程；采购环节，即从农民手中购买农产品的过程需要考虑价格、质量等因素；加工环节，农产品需要进行加工、分拣等处理以提高附加值；仓储环节则涉及农产品的存储与管理，确保其质量和安全；物流环节则负责将农产品从生产地运送到消费者手中，需要考虑运输方式、路线规划等问题；销售环节，将农产品销售给消费者，满足市场需求。农产品供应链管理需要综合考虑信息流、资金流和物流等多方面内容，以确保农产品能够高效地流通到市场上，满足消费者的需求。

（二）农产品采购与供应环节

农产品采购与供应环节在农产品供应链中扮演着关键的角色。农产品采购是供应链的起始环节，决定了后续流通环节的质量和效率。在采购环节，相关企业或机构需要与供应商进行合作，选择合适的农产品供应商，考虑到产品质量、价格、交货周期等因素，以确保采购到符合质量标准的农产品。这涉及价格谈判、供应商资质审核及合同签订等程序，需要有专业的采购团队进行管理与执行。供应环节则是采购的农产品顺利送达到下游环节的过程，这个环节需要考虑到物流配送、库存管理等问题。在物流配送方面需要选择合适的运输方式（如陆运、海运、空运等），制订合理的运输路线和运输，以确保农产品能够及时、安全地送达目的地。库存管理也是供应环节的重要内容，需要对采购的农产品进行储存管理，合理安排库存以应对市场需求的波动，避免库存积压或供应不足的情况发生。

（三）供应链中的库存管理与控制

供应链中的库存管理与控制是确保农产品供应链运作顺畅的关键环节之一，库存管理涉及对农产品的储存和保管。针对不同类型的农产品需要采取不同的储存方式，以确保其保持新鲜度和品质，例如对于易腐的水果蔬菜需要控制温度和湿度，采取适当的保鲜措施以延长其货架期。库存调拨是库存管理的重要内容之一，随着市场需求的变化和季节性因素的影响，需要及时调整库存量和库存位置以满足市场需求并减少库存积压。这涉及对库存的定期盘点和分析及灵活的库存调配策略。库存盘点是确保库存管理有效的重要环节之一，定期对库存进行盘点和核对可以及时发现库存数量和品质的问题，并采取相应的措施进行调整和改进。库存盘点也有助于减少库存漏洞和损失，提高库存管理的精准度和效率。

（四）农产品物流与配送管理

农产品物流与配送管理是确保农产品从生产地点顺利运送到消费者手中的重要环节，物流与配送管理涉及运输方式的选择。根据不同的农产品特性和运输距离可以选择陆运、水运、空运等不同的运输方式，例如对于远距离的农产品运输可以选择空运或海运，而对于近距离的运输则可以选择陆运或快递配送。运输路线的规划是物流与配送管理的关键内容之一，通过合理规划运输路线可以最大限度地节约运输时间和成本，提高运输效率。在规划运输路线时需要考虑到道路条件、交通状况、气候因素等诸多因素，以确保货物能够安全、及时地送达目的地。货物的包装也是物流与配送管理中不可忽视的一环，良好的包装可以保护农产品免受损坏和污染，在运输过程中保持其新鲜度和品质。合适的包装设计也有助于提升产品形象，增加产品附加值。

农产品供应链的顺畅运作对于确保农产品高效地流通到市场，满足消费者的需求至关重要。在采购与供应环节，正确选择合适的供应商并合理规划物流配送可以确保农产品的质量和供应稳定性。在供应链中的库存管理与控制方面，合理储存和调配库存可以有效应对市场需求的波动，降低库存积压的风险。而在农产品物流与配送管理中，选择合适的运输方式和规划合理的运输路线及良好的包装设计可以提高运输效率，降低成本，保证农产品的品质和安全。全面理解和有效管理农产品供应链中的各个环节对于提升农产品供应链的运作效率和市场竞争力至关重要。

二、农产品供应链管理与技术应用培训

农产品供应链管理与技术应用培训是当前农业发展中的一项关键举措，旨在有效整合各个环节资源，提高生产效率和产品质量，从而增强农业产业竞争力。本培训涵盖供应链管理原理与方法、信息技术在农产品供应链中的应用、数据分析与决策支持系统及供应链成本管理与优化等方面内容，旨在为农业从业者提供

全面的理论指导和实践方法，助力他们更好地应对市场挑战和提升综合竞争力。

（一）供应链管理原理与方法

供应链管理原理与方法是为了有效管理和优化供应链各个环节而制定的理论框架和实践方法，核心原则包括供需匹配、信息共享、合作共赢和持续改进。例如对于供应商管理可以通过绩效评估、价格谈判和合同签订等环节确保选择到合适的供应商，降低采购成本，提高采购效率。在库存管理方面，可以利用先进的库存管理系统，实现库存的精准控制和及时调整，避免库存积压或供应不足的情况。对于物流管理，可以采用智能化的物流技术和路线规划，提高运输效率，降低运输成本。在质量管理方面，可以建立完善的质量管理体系，包括质量检测、问题处理和反馈机制，确保农产品质量符合标准并满足消费者需求。综合运用这些方法和原理，可以有效地管理和优化农产品供应链，提升整体运作效率和市场竞争力。

（二）信息技术在农产品供应链中的应用

信息技术在农产品供应链中的应用是为了提高农业生产效率和质量及优化供应链管理。物联网技术是其中一项重要技术，它可以实现对农产品生长环境的实时监测和远程控制。通过安装传感器和监测设备，可以收集土壤湿度、温度、光照等数据，数据传输至云端进行分析和处理。例如农民可以通过手机或电脑远程监测农田的环境状况，及时调整灌溉系统、施肥方案等，最大限度地满足农作物的生长需求，提高产量和质量。大数据和人工智能技术也在农产品供应链中发挥着重要作用，通过分析海量的农业数据可以发现潜在的生产趋势、市场需求和消费者偏好，为农产品生产和销售提供决策支持。例如利用大数据分析市场需求，农产品种植者可以调整作物品种和种植面积，以更好地满足市场需求，提高销售收益；而人工智能技术则可以应用于农业机器人、智能农具等领域，实现自动化生产和精准农业，进一步提高农产品供应链的效率和质量。

（三）数据分析与决策支持系统

数据分析与决策支持系统在农产品供应链中扮演着关键角色。通过数据分析方法和工具帮助管理者做出更明智的决策。通过收集和整合销售数据、市场趋势及供应链各个环节的信息，可以全面了解市场需求和供应情况，例如通过分析销售数据，企业可以识别畅销产品、销售地区和销售渠道，从而调整生产计划和销售策略，以更好地满足市场需求。数据分析可以帮助优化供应链流程，提高效率和降低成本，比如通过分析物流数据可以找出运输瓶颈和不必要的物流环节，从而优化运输路线和物流管理，减少运输时间和成本。数据分析还可以用于调整库存策略，避免库存积压或供应不足的情况。通过分析库存数据和市场趋势可以及时调整库存量和库存位置，确保及时供应并降低库存成本。数据分析与决策支持系统为农产品供应链管理提供了强大的工具和支持，可以帮助企业实现精细化管理和持续优化，提高竞争力和市场占有率。

（四）供应链成本管理与优化

供应链成本管理与优化是为了降低整体成本并提高供应链效率而进行的一系列管理活动。成本核算是关键步骤，通过对供应链各个环节的成本进行详细核算和分析，可以清晰地了解成本构成和主要来源。成本控制是重要手段，通过设立成本控制指标和预算，监控和控制各项成本的发生和变化，确保成本不超出预期范围。成本优化是关键目标，通过对供应链中的关键环节进行深入分析和评估，找出成本高、效率低的问题，并采取相应的措施进行优化和改进。例如优化供应商选择可以通过评估供应商的综合性能，包括价格、质量、交货时间等方面选择合适的供应商合作以降低采购成本和风险。改善运输路线可以通过优化配送网络和运输方式，减少运输距离和时间，降低运输成本和能源消耗。提高生产效率则可以通过优化生产工艺、提升设备利用率和人力效率，降低生产成本和提高产能。供应链成本管理与优化是提高企业竞争力和盈利能力的重要途径，需要全面考虑各个环节的成本问题，并采取有效措施进行管理和优化。

通过本次培训，学员深入了解了供应链管理的原理与方法，学习了如何优化供应商管理、库存管理、物流管理和质量管理，从而提高供应链效率和产品质量。他们还了解了信息技术在农产品供应链中的应用，包括物联网技术、大数据和人工智能技术的运用及数据分析与决策支持系统的重要性。学员掌握了供应链成本管理与优化的关键方法，包括成本核算、成本控制和成本优化，从而实现降低成本、提高效率的目标。这些知识与技能的掌握有助于他们在实践中更好地应对农产品供应链管理挑战，提升农业产业的竞争力和可持续发展能力。

三、实践技能与农产品供应链实务操作培养

在农产品供应链实务操作培养中学员接受全面的实践技能培训，涵盖采购与供应商关系管理、库存管理软件操作与运用、物流与配送操作技能培训及库存盘点与调整实践等关键领域。这些培训使学员掌握从采购到物流配送再到库存管理的全流程操作技能，为提升企业效率和竞争力打下坚实基础。

（一）采购与供应商关系管理

采购与供应商关系管理是农产品供应链中至关重要的环节之一，有效的采购管理和供应商关系维护可以确保企业获取优质原材料并保持供应的稳定性。在培训中，学员学习如何进行采购计划、供应商评估和选择及建立长期稳定的合作关系。例如学员了解如何利用供应商绩效评估表，综合考量供应商的交货准时率、产品质量、服务水平等指标，从而做出合理的供应商选择决策。他们还学习如何进行价格谈判和签订合同，以获取最优的采购条件和价格。通过这些实践操作，学员掌握有效的采购管理技能，提高企业采购效率和竞争力。

（二）库存管理软件操作与运用

库存管理软件的操作与运用对于现代企业的库存管理至关重要，这类软件通常具备多项功能，包括实时库存追踪、库存预警、自动化订单处理等，能够大幅提升库存管理的效率和准确性。学员学习如何正确录入库存信息，这包括了解如何添加新商品、设置商品属性（如重量、尺寸等）、输入初始库存数量等操作。通过这些操作，学员可以建立起库存管理软件的基础数据。学员学习如何进行库存盘点和调整。库存盘点是确保库存准确性的关键步骤，学员了解如何利用软件进行盘点、比对实际库存与系统记录、识别并处理盘点差异。对于库存调整，学员学习如何根据盘点结果进行库存数量和信息的调整，确保库存数据的准确性。学员还学习如何利用库存管理软件进行出库和入库操作，了解如何通过扫描商品条形码或手动输入信息来执行出库和入库操作，确保库存变动的准确记录并及时更新库存信息。

（三）物流与配送操作技能培训

物流与配送操作技能培训致力于确保产品及时、安全地送达客户手中，这对于企业的服务质量和客户满意度至关重要。在这项培训中，学员接受一系列课程，涵盖了物流与配送的基础知识和操作技能。学员学习货物包装的重要性和技巧，了解如何选择合适的包装材料和方法以保护货物免受损坏或污染，并确保货物在运输过程中保持完好无损。学员掌握货物装载和运输的技能，学习如何有效地组织货物装载，最大限度地利用运输工具的空间，并确保货物安全固定，以防止在运输过程中发生移位或损坏。学员还学习配送路线规划的方法，了解如何根据货物特性、配送地点和交通状况等因素，合理选择配送路线以最小化运输时间和成本，并确保及时送达客户手中。在整个培训过程中，学员还接受安全操作搬运设备和运输工具的培训，学习如何正确使用各种搬运设备，如叉车、托盘等，以及如何安全地驾驶和操作运输工具，确保货物在运输过程中不受损坏，保障自身和他人的安全。

（四）库存盘点与调整实践

在库存管理中，盘点和调整是确保库存准确性和效率的重要步骤，在这项培训中，学员学习如何执行库存盘点和调整操作，以确保库存数据与实际情况保持一致。学员了解现代化的盘点工具和技术的运用，例如学习如何使用条码扫描器和 RFID 技术来快速、准确地扫描和记录库存信息。这些技术可以大大提高盘点的效率，减少人为错误并确保库存数据的准确性。学员学习如何根据盘点结果进行库存调整，一旦完成盘点，他们学习如何分析盘点数据，识别并纠正任何错误或不一致之处。这涉及调整库存数量、更新库存记录及调整库存位置等操作，以确保库存信息的准确性和完整性。学员还学习如何避免常见的库存问题，如库存遗漏或重复。他们了解如何通过系统化的方法和流程来管理库存，包括定期盘点、建立库存警报机制等，以及如何及时处理异常情况并采取措施防止再次发生。

通过采购与供应商关系管理的培训，学员学会如何进行有效的采购计划、供应商评估与选择，以及建立稳定的合作关系确保企业获取优质原材料。在库存管理软件操作与运用方面，学员掌握现代化库存管理工具的使用，提高库存管理的效率与准确性。在物流与配送操作技能培训中，学员学习货物包装、装载、运输等技能，确保产品及时、安全地送达客户手中。在库存盘点与调整实践中，学员学会利用现代化技术进行库存盘点，并根据盘点结果进行库存调整，确保库存数据的准确性和完整性。这些实践技能有助于提高企业的运营效率、降低成本，并提升客户满意度，从而增强企业在市场竞争中的地位。

四、农产品供应链创新人才与领导力发展

农产品供应链管理的成功离不开创新人才和强大的领导力，在这个竞争激烈的行业中，培养具有创新思维、团队协作和变革管理能力的人才至关重要。这里主要探讨在农产品供应链领域培养创新人才与领导力发展的关键要素，涵盖创新思维与创业精神培养、团队协作与沟通技巧、领导力与决策能力培养及变革管理与持续改进等方面。

（一）创新思维与创业精神培养

在农产品供应链领域。培养创新思维和创业精神至关重要，通过培训，学员学习如何审视传统问题，挖掘其中蕴含的机遇。例如他们会发现某一地区对特定类型的有机产品有较高的需求，于是可以提出种植或生产该产品的创新方案。这包括采用新的种植技术或生产方法以提高产量或质量，并利用市场营销策略将其推销给消费者。他们还面对创业过程中的挑战，如市场竞争、资金限制等，但通过培训，他们学会从失败中吸取教训，勇于承担风险，持续追求创新。这种创业精神激励他们不断探索新的商机并想办法转化为现实，为农产品供应链的发展注入新的活力。

（二）团队协作与沟通技巧

在农产品供应链管理中，团队协作和沟通技巧是确保业务顺利运作的核心，在培训中，学员学习如何与团队成员协作，以有效地管理资源、解决问题并实现共同的目标。例如在采购环节，团队成员需要协作以确保及时采购到优质的原材料。这涉及到与供应商的沟通，了解产品供应情况和价格，并与团队内部的采购部门密切合作，以协调采购计划并保持库存水平。在物流配送方面，团队成员需要密切合作确保货物安全地运送到目的地，这涉及与运输公司的协调和监督及内部团队的物流管理和配送安排。培训还着重于培养学员的沟通技巧，学员学习如何倾听他人、表达清晰的观点并有效地解决冲突，这对于确保团队内部信息的流畅传递至关重要，可以减少误解和误操作。例如当团队成员在执行任务时出现问

题或有疑问时，良好的沟通技巧可以帮助他们及时与其他团队成员沟通并找到解决问题的方法，从而保持业务运作的顺畅。

（三）领导力与决策能力培养

在农产品供应链管理中，领导力和决策能力是成功的关键因素，培训致力于培养学员有效的领导风格以激励团队成员并共同实现组织目标。通过学习领导技巧，学员能够在面对挑战和突发情况时保持冷静，制订合适的解决方案从而保持团队的稳定和积极向前。这包括了解如何有效地分配任务，培养团队合作精神，以及在困难时刻为团队提供支持和指导。学员也学习如何做出明智的决策，在农产品供应链管理中决策通常需要考虑到各种因素，包括市场趋势、供应情况、运输成本等。通过数据分析和风险评估，学员能够更准确地评估不同选择的影响，并为企业未来的发展制定可行的战略。这涉及对市场需求的深入了解及对竞争对手和外部环境的敏感性，从而在竞争激烈的市场中保持竞争优势。

（四）变革管理与持续改进

在农产品供应链管理中，变革管理和持续改进是确保企业在竞争激烈的市场中保持竞争力的关键因素，学员学习如何识别现有流程和方法中的潜在改进点，并引领组织进行变革以提高效率和质量。举例而言，他们可以通过引入新技术，如物联网设备和数据分析来优化生产和物流流程。这些技术可以帮助企业实时监测生产和运输过程，提高效率并降低成本。学员还学习如何通过优化流程和改进服务质量来实现持续改进，例如学员可以分析客户反馈和市场趋势以识别产品或服务方面的改进机会。通过提高产品质量或服务水平，企业可以增加客户满意度，提升品牌声誉并赢得更多市场份额。在变革管理过程中，学员还学习关键的管理原则和方法，例如如何有效沟通变革目标和计划，管理与减轻风险，以及培训员工适应新的工作流程。这些技能有助于确保变革过程的顺利推进，并确保取得可持续的成果。

农产品供应链的创新与发展需要具备多方面技能和素质的人才，通过培养创新思维和创业精神，促进团队协作与沟通技巧的提升，培养有效的领导力与决策能力，以及推动变革管理与持续改进，可以帮助企业在竞争激烈的市场环境中保持竞争力，并实现可持续的发展。

第四章　城乡融合与农业现代化

第一节　城乡融合发展与现代农业产业链构建

一、城乡融合发展背景下现代农业的新要求

城乡融合发展、现代农业技术革新及生态环境保护，构成了当代中国农业发展的重要议题。城乡融合发展给农业带来了新的市场机遇和生产模式，现代农业则依赖新技术和经营模式提升生产效率，而农业可持续发展则成为当务之急，以保护生态环境并满足人们对食品安全与环保的追求。这里主要探讨这些方面对于中国现代农业发展的影响和要求。

（一）城乡融合发展趋势及其对农业的影响

城乡融合发展是当代中国经济转型的重要策略，其快速推进使得城乡之间的差距逐渐缩小，这对农业产生了深远的影响。城市化进程不断提升了城市居民对农产品的需求量，为农产品提供了更广阔的市场空间，激发了农业生产的活力。随着城市化的推进，土地流转加速，农业生产方式也在发生变革，传统的小农经济逐渐演变为规模化、集约化的现代农业生产模式。农村劳动力向城市转移，农业劳动力结构发生调整，农业生产的劳动力成本和管理水平也面临新的挑战。因此，城乡融合发展趋势使得农业在市场需求、生产方式、劳动力结构等方面都发生了重大变化，农业产业链也随之调整和优化，以适应新的市场环境和生产要求。

（二）现代农业发展所需的新技术和新模式

现代农业的发展离不开先进技术和创新模式的支持。在技术方面，生物技术、信息技术及物联网技术等的广泛应用成为提升农业效益的关键。生物技术可以改良作物品种，提高抗病虫害能力和产量；信息技术则实现了农业生产的精准化管

理，如智能化灌溉、精准施肥等，从而降低了成本并提高了产量；而物联网技术的运用使得农业生产过程更加智能化和自动化，如智能监控系统可以实时监测作物生长情况，及时发现问题并调整管理措施。除了技术革新，新型经营模式也对现代农业的发展起到了重要作用。农业产业化模式可以实现生产、加工、销售一体化，提高农产品附加值；而农业社区合作模式则促进了农村资源的共享和合作，有效优化了资源配置。因此，现代农业需要不断引入新技术、创新模式，以应对市场竞争和提升农业综合效益的挑战。

（三）农业可持续发展与生态环境保护的要求

随着人们生态环境保护意识的不断增强，农业可持续发展成为当今农业发展的重要目标之一。现代农业在实现可持续发展的过程中需要注重生态环境的保护和恢复，采取一系列生态友好型的种植和养殖方式。其中有机农业和生态农业等模式成为重要的发展方向。这些模式通过减少化肥、农药的使用，采用自然农法和生物防治等技术手段，有效地降低对环境的污染，保护土壤和水资源，维护生态平衡。这些模式还能提高农产品的品质和安全性，增加了产品的附加值和市场竞争力，符合现代消费者对健康、安全、环保的需求。因此，农业可持续发展与生态环境保护密不可分，只有在实现生产效益的同时更加注重生态环境的可持续性，才能实现农业的长远发展和社会的可持续进步。

城乡融合发展加速了城市对农产品的需求，也促进了农业生产方式的转型，使得现代农业技术和模式的应用成为必然选择。在技术方面，生物技术、信息技术和物联网技术等的广泛应用提升了农业生产效率和质量，而新型经营模式则优化了资源配置，提高了农业的整体效益。农业可持续发展成为当代农业的重要目标，生态友好型的种植和养殖方式为保护环境提供了有效途径，也增加了产品的市场竞争力。城乡融合、技术创新及生态环境保护构成了现代农业发展的新要求，只有在这些方面取得平衡，农业才能实现可持续发展，为中国农村和城市的全面发展贡献力量。

二、城乡融合对农业产业链的影响与重构

城乡融合是当前中国经济发展的重要趋势之一，其对农业产业链产生了深远影响。城市化进程的加速和消费升级的推动，促使农产品供应链发生了显著变

化，也催生了农业产业链的重构。在这一背景下，农业产业链上下游企业之间的合作与协同发展显得尤为重要，这不仅能提高农产品的附加值和市场竞争力，也有利于整个产业链的可持续发展。

（一）城乡融合对农产品供应链的影响

城乡融合发展使得农产品供应链发生了显著变化，一方面，随着城市化进程加速，城市消费者对农产品的需求不断增加，这推动了农产品供应链向城市延伸，加快了农产品从产地到市场的流通速度；另一方面，城乡融合促进了农村电商的发展，使得农产品直接从农户到消费者的销售模式成为可能缩短了供应链的长度，降低了中间环节的成本，提高了农民收入。例如农村电商平台如京东农村致富店、阿里农村淘宝等，通过线上线下结合的方式，连接了城市消费者和农村生产者，促进了农产品的流通，推动了农业产业链的升级和优化。

（二）农产品流通和市场需求变化下的产业链重构

随着城乡融合和消费升级，农产品的流通方式和市场需求发生了翻天覆地的变化，这对农业产业链提出了全新的挑战。消费者对农产品品质、安全和品种多样性的需求不断攀升，促使产业链向着更高端、更特色化的方向发展。因此，农业生产者纷纷加大对优质品种的培育和生产，并积极与加工企业和销售渠道合作，构建一条从生产到销售的全链条合作模式以满足市场需求。随着农产品线上销售和跨境贸易的不断拓展，传统的产销模式面临着前所未有的挑战。这促使企业不得不加速信息化、智能化改造以提高供应链的灵活性和响应速度，以适应市场的快速变化。因此，农产品流通和市场需求变化下的产业链重构已成为当务之急，企业只有紧跟市场的步伐，灵活应变，才能在激烈的竞争中立于不败之地。

（三）农业产业链上下游企业合作与协同发展

在城乡融合的大背景下，农业产业链上下游企业之间的合作和协同发展显得尤为重要，上游农产品生产企业需要与中游加工和物流企业，以及下游销售渠道和零售商建立密切合作关系，以实现信息共享和资源共享，从而提高整体产业链的效益。例如农产品生产企业与电商平台合作，通过平台的大数据分析和强大的营销渠道可以实现产品的精准推广和销售，进而拓展市场份额。下游企业也需要积极参与农产品生产的各个环节，推动农业供应链的透明化和质量控制，以确保产品的安全性和可追溯性。这种上下游企业之间的紧密合作与协同发展不仅可以提高农产品的附加值和市场竞争力，也有利于整个产业链的可持续发展。只有通过各方的共同努力，才能实现农业产业链的优化升级，进而促进城乡经济的融合发展。

城乡融合对农业产业链的影响和重构表现在多方面，城市化进程加速了农产品供应链向城市延伸的趋势，农村电商的兴起也推动了农产品直接从农户到消费者的销售模式。消费升级带来的市场需求变化促使农业产业链向着更高端、更特色化的方向发展并推动了产业链的重构和优化。农业产业链上下游企业间的合作与协同发展，成为推动产业链升级的关键因素，通过信息共享和资源共享，实现了整体效益的提升，促进了农产品的流通和市场份额的拓展。城乡融合对农业产业链的影响不可忽视，只有通过各方的共同努力和合作，才能实现农业产业链的优化升级，推动城乡经济的融合发展。

三、现代农业技术与管理模式在城乡融合中的应用

在当代社会，城乡融合发展已成为中国经济发展的重要战略，其中现代农业技术与管理模式在城乡融合中的应用尤为突出。这里主要探讨先进农业技术、农业信息化与智能化管理模式及农产品品牌化与营销模式在城乡融合中的作用，并提出实现农村一二三产业融合发展的路径和措施。

（一）先进农业技术在农业生产中的应用

先进农业技术在城乡融合中扮演着关键角色，提高了农业生产效率和质量，例如无人机、遥感技术和全球定位系统（GPS）的应用，可以实现农田的精准管理和作业，提高土地利用效率。智能化的农业机械设备，如智能播种机、智能喷洒器等能够提高生产效率，降低劳动成本。生物技术的发展也促进了作物品种的改良，提高了抗病虫害能力和产量。这些先进农业技术的应用，不仅提升了农产品的产量和品质，还有助于减少资源浪费和环境污染，推动了农业产业链的升级和优化。

（二）农业信息化与智能化管理模式的推广

农业信息化与智能化管理模式的推广在城乡融合中扮演着重要角色，随着信息技术的飞速发展，农业生产方式正在发生革命性变化。利用传感器、物联网技术和云计算平台，农田可以实现实时监测和数据采集，为农业生产提供科学依据。智能化管理系统，如智能灌溉系统和智能温控系统能够精准调控水量和温度，提高资源利用效率。例如中国的"互联网＋农业"模式，结合移动互联网技术和大数据分析，为农民提供种植、养殖等方面的技术指导和市场信息，促进了农业产业链的升级和发展。这些先进技术的应用不仅提高了农业生产效率和质量，还为农民增加了收入，推动了城乡融合的进程。

（三）农产品品牌化与营销模式的创新

在城乡融合的进程中，农产品品牌化和营销模式的创新已成为农业发展的重要策略，通过建立农产品品牌，农产品可以获得更高的知名度和附加值，从而在激烈的市场竞争中脱颖而出。创新的营销模式为农产品的推广和销售提供了新的途径，例如农产品直播销售和农产品电商平台等新兴销售模式，极大地拓展了农产品的市场渠道，使得农产品能够更便捷地触达消费者。这些新模式的出现不仅提高了农产品的销售效率，也促进了农产品的市场份额扩大，进而推动了整个农业产业链的升级和优化。通过品牌化和营销模式的创新，农产品在城乡融合中找到了更多发展的机遇，为农民增加了收入，促进了农业的可持续发展。

（四）农村一二三产业融合发展的路径和措施

实现农村一二三产业融合发展是城乡融合的重要任务之一，可以通过调整农村产业结构和推动转型升级，促进传统农业与现代服务业、高新技术产业的融合发展。例如农业生产与农产品加工、物流配送等产业有机结合，提高农产品附加值和市场竞争力。推动农村旅游、乡村振兴等产业的发展，打破了传统的"单一产业经济"，为农民增加了就业机会和收入来源，提高了农村经济的活力。加强农村基础设施建设和公共服务供给，为农村一二三产业融合提供良好的环境和支持。例如加快农村电商的发展，建设农村物流配送体系，提高了农产品的销售效率和覆盖范围，促进了农村经济的发展和城乡融合的深入推进。综上所述，通过多方面的措施和政策支持，实现农村一二三产业融合发展给城乡融合带来新的发展机遇，推动经济的全面发展和社会的长期稳定。

现代农业技术与管理模式在城乡融合中发挥着重要作用，先进农业技术的应用提高了农业生产效率和质量，农业信息化与智能化管理模式推动了农业生产方式的革新，农产品品牌化与营销模式的创新促进了农产品市场化。通过调整农村产业结构、推动农村旅游等产业发展，加强农村基础设施建设和公共服务供给，实现农村一二三产业融合发展，给城乡融合带来新的发展机遇，推动经济的全面发展和社会的长期稳定。

第二节　城市资源优势与乡村产业升级

一、城市资源优势对乡村产业升级的驱动作用

城市资源优势对乡村产业升级具有重要的驱动作用。城市技术创新、资金投入、人才转移及市场需求，这些来自城市的优势资源为乡村产业提供了发展动力和机遇，本节主要探讨这些城市资源优势如何影响和推动乡村产业的升级及它们背后的作用机制。

（一）城市技术创新与乡村产业升级的关系

城市技术创新对乡村产业升级具有重要的驱动作用。城市的技术创新可以为乡村产业提供先进的生产技术和管理经验，帮助农村企业提高生产效率和产品质量，例如城市先进的农业科技成果可以通过技术转移的方式，应用于乡村农业生产中，推动农业现代化进程。城市技术创新也可以促进乡村产业结构调整和升级，例如城市发展新兴产业如互联网、人工智能等可以为乡村产业提供新的发展方向，如农村电商、智慧农业等，从而推动乡村产业向技术密集型、知识密集型方向发展。因此，城市技术创新不仅可以为乡村产业提供技术支持，还可以为其提供发展的新动力。

(二) 城市资金投入对乡村产业发展的促进效应

城市资金投入对乡村产业发展具有重要的促进效应，主要体现在两方面。一方面，城市资金可以通过各种渠道进入乡村产业，为农村企业提供资金支持和融资渠道，解决其发展中的资金瓶颈问题，例如城市金融机构可以向农村企业提供贷款和风险投资，支持其技术创新和产业升级；另一方面，城市资金的投入也可以带动乡村产业链的升级和完善，例如城市资金投入乡村基础设施建设、农产品加工等环节，可以提高农产品的附加值和市场竞争力，推动乡村产业向高端、品牌化方向发展。因此，城市资金投入不仅可以解决乡村产业发展中的资金问题，还可以促进其产业链的升级和完善。

(三) 城市人才向乡村产业转移的影响及作用机制

城市人才向乡村产业转移对乡村产业升级有着深远的影响，并涉及多种作用机制。城市人才的转移为乡村产业注入了新的思维和理念，这些城市人才带来了先进的管理经验和创新意识，可以帮助乡村企业改善管理方式，提升效率和竞争力。例如一些具有城市工作经验的管理人员通过回乡创业，为当地企业注入了新的管理理念，推动了产业的升级与转型。城市人才的转移促进了乡村产业的技术创新和人才培养，城市科研院校、高科技企业的专业人才带来了先进的技术和科研成果，为乡村产业提供了技术支持和创新动力。他们还可以通过培训和指导，提升当地农民的技术水平，推动乡村产业的升级和发展。城市人才的转移还可以带动乡村产业链的升级和完善，他们与当地农民和企业家合作，共同打造产业链上的各个环节，形成以产业链为核心的产业集群。例如一些城市创业者回乡创业，与当地农民合作，建立起从种植、加工到销售的完整产业链，促进了乡村产业的融合发展和升级。

(四) 城市市场需求对乡村产业升级的驱动力量

城市市场需求是推动乡村产业升级的重要驱动力量之一，随着城市化进程的加速和消费水平的提升，城市居民对生活品质和健康需求的不断增长，为乡村产业提供了巨大的市场空间和发展机遇。城市市场需求带动了乡村特色产品和服务的兴起和发展，例如以绿色有机农产品、乡村旅游等为代表的乡村特色产业受到了城市消费者的青睐，成为乡村产业升级的新动力。城市市场需求促进了乡村产业结构的优化和调整，为了满足城市消费者的需求，乡村企业不断调整产品结构，加大对高品质、高附加值产品的生产力度，推动了产业向高端化、品牌化方向发展。城市市场需求还带动了乡村产业与城市产业的深度融合，例如一些乡村企业通过开发城市市场，拓展销售渠道，加强与城市企业的合作，实现了产业链的优势互补和资源共享，推动了乡村产业的升级和发展，城市市场需求的不断扩大为乡村产业升级提供了强大的市场支撑和发展动力。

城市资源优势在促进乡村产业升级中发挥着重要作用，城市技术创新为乡村产业提供了先进的生产技术和管理经验，城市资金投入解决了乡村产业发展中的资金问题，城市人才向乡村产业转移注入了新的思维和理念，城市市场需求为乡村特色产业提供了巨大的市场空间和发展机遇。这些城市资源优势共同推动了乡村产业的升级和转型，为乡村经济的发展注入了新的活力。

二、城市技术、资金与人才向乡村产业转移的模式与效果评估

城市技术、资金与人才向乡村产业转移是促进乡村产业发展与振兴的重要策略之一。技术转移为乡村产业升级提供了关键支持，资金投入为其发展提供了必要的资源支持，而人才培养与引进则为乡村产业注入了新的活力与动力。这里主要探讨这些转移模式的具体应用及对乡村产业升级的效果评估方法与指标分析。

（一）技术转移模式及其在乡村产业升级中的应用

技术转移在乡村产业升级中扮演着重要角色，技术咨询提供了专业指导，帮助农民解决生产中的问题；技术引进则将城市先进技术引入乡村，促进产业升级；技术合作则是通过与城市企业或科研机构合作，共同研发、推广技术。举办技术培训班能够将新技术快速传授给乡村农民，让他们在实践中掌握技能。例如某地农村成立了技术推广站，为农民提供定期的技术培训和咨询服务，教授种植、养殖等先进技术，使农民提高了生产效率，增加了收入。这些举措不仅提升了农村产业的竞争力，还推动了乡村经济的可持续发展。

（二）资金投入模式对乡村产业发展的影响评估

资金投入对乡村产业发展有着重要的影响，其模式多样，包括政府引导、金融支持及社会资本参与等。评估这些资金投入对乡村产业的影响需要综合考虑多个因素。资金规模是评估的重要指标之一，决定了资金投入的力度和覆盖面。资金的使用效率也至关重要，即资金是否被有效地运用于乡村产业的发展项目中并产生了预期的效益。投入方向也是影响评估的关键因素，即资金是否用于提升乡村产业的技术水平、改善基础设施、扶持农民创业等方面，例如政府引导的资金投入计划可以帮助农业合作社改善设施、引进先进设备，提升农产品加工水平，从而增加销售收入，促进当地乡村产业的发展和经济增长。资金投入模式对乡村产业发展的影响评估需要考虑资金规模、使用效率和投入方向等多方面的因素。

（三）人才培养与引进机制对乡村产业升级的效果评估

人才培养与引进机制对乡村产业升级至关重要，通过培养农村人才和引进外部人才可以为乡村产业提供新的思维和动力。评估其效果主要从人才素质提升、创新能力增强及乡村产业结构调整等方面进行。例如一些政策鼓励高校毕业生到农村从事农业科研和产业发展，通过提供培训和奖励措施，成功吸引了一批优秀人才投身于乡村产业的发展。这些人才带来了先进的管理理念和技术，推动了乡村产业的创新和升级，促进了当地经济的可持续发展。因此，人才培养与引进机制对于乡村产业升级具有显著的促进作用，其效果可通过人才素质、创新能力和产业结构调整等指标进行评估。

（四）城市资源向乡村产业转移的效果评估方法与指标分析

评估城市资源向乡村产业转移的效果可以从多个角度进行分析。可以考察乡村产业的发展水平，包括产业结构的优化、产业链的延伸及产品质量的提升等方面。经济效益是评估的重要指标之一。以通过比较转移前后乡村产业的增加值、利润水平及投资回报率等来评估效果。评估社会影响也是必要的，可以关注农民收入的增加情况、就业机会的增加及农村居民生活水平的改善等方面，具体指标包括乡村产业增加值、农民人均收入、就业机会增加等。例如通过比较转移前后乡村产业的产值增长率、农民人均收入变化情况，可以评估城市资源转移对乡村产业的实际贡献程度。这些指标和方法的综合应用可以全面客观地评估城市资源向乡村产业转移的效果，为政策制定和资源配置提供重要参考。

技术转移模式涵盖了技术咨询、技术引进和技术合作，通过这些方式，城市先进技术被引入乡村，为乡村产业升级提供了技术支持。资金投入模式多样，从政府引导到社会资本参与，为乡村产业发展提供了资金保障，但其影响需要综合考量投入规模、使用效率和投入方向等因素。人才培养与引进机制为乡村产业升级提供了人才支持，其效果可通过人才素质、创新能力和产业结构调整等指标进行评估。评估城市资源向乡村产业转移的效果，应考虑产业发展水平、经济效益和社会影响等多个角度，以乡村产业增加值、农民人均收入和就业机会增加等指标为评估方法，全面客观地评估转移效果，为未来政策制定和资源配置提供重要参考。

三、乡村产业升级的路径选择与实施策略

乡村产业升级是实现乡村振兴战略的关键一步，而实现这一目标需要在路径选择和实施策略上做出明智的决策。这里主要探讨乡村产业结构调整、农村技术创新、乡村产业融合发展及生态环境保护与资源可持续利用等方面的路径选择和实施策略，为乡村产业升级提供参考和指导。

（一）乡村产业结构调整的路径选择与实施策略

乡村产业结构调整是促进乡村产业升级的关键一环，路径选择和实施策略应根据当地资源禀赋、市场需求和政府政策进行综合考量。一种常见的路径是从传统农业向现代农业转型，例如发展特色农产品种植、绿色有机农业等。可以通过发展乡村旅游、文化创意产业等方式，拓展乡村产业空间，增加就业机会，促进乡村经济多元化发展。实施策略包括完善农村产业政策，提供资金支持和技术培训，加强与城市的产业对接，提升农产品附加值和市场竞争力。例如中国的"三农"政策中提出支持农村产业结构调整，鼓励农民发展适销对路的产业，如绿色食品、农村电商等以推动乡村产业升级。

（二）农村技术创新路径与政策支持策略

农村技术创新是推动乡村产业升级的重要手段之一，在路径选择方面可以通

过引进先进技术、培育本土科技企业及建设科技示范基地等方式来推动农村技术创新。引进先进技术可以帮助农村产业提升生产效率和产品质量，培育本土科技企业则有助于促进本地科技创新和产业发展，而建设科技示范基地则可以提供实验场地和示范经验，推动农村技术的普及和应用。在政策支持方面应加大对科技创新的资金投入，建立完善的农村科技创新体系，促进科技成果的转化和推广应用。例如中国政府通过实施"农村人居环境整治工程"和"农村信息化"计划，致力于推动农村技术创新和数字化发展，以提高农村产业的科技含量和竞争力，进而实现乡村产业的升级和发展。

（三）乡村产业融合发展路径的选择及相关政策措施

乡村产业融合发展是实现城乡融合的关键路径之一，在路径选择上可以促进农业与旅游业、农产品加工业及文化创意产业等领域的深度融合发展。例如农产品与旅游景点相结合，开展乡村旅游；或者利用农产品作为原料，发展农产品加工业，提升附加值。政策措施方面应加强跨部门协调，建立健全的产业融合发展政策支持体系。这包括提供税收优惠、土地政策和金融支持等政策扶持，以促进不同产业间的合作与协同发展，例如推动乡村一二三产业融合发展，政府可以鼓励企业之间的产业链合作，实现资源优势互补，从而提升产业附加值和市场竞争力，推动乡村产业升级和经济发展。

（四）乡村产业升级中生态环境保护与资源可持续利用的策略

在乡村产业升级过程中，生态环境保护和资源可持续利用至关重要，为此政策制定者和实施者应采取一系列策略，确保产业升级与生态环境的良性互动。应制定严格的环境保护法规和标准，约束产业发展过程中的环境破坏行为，确保生态环境的持续稳定。推动清洁生产技术的应用，减少生产过程中的污染排放，提高资源利用效率。加强农业生态环境的修复和保护工作，恢复耕地的生态功能，保护水资源和生物多样性。政府可通过资金补贴、生态补偿等方式，鼓励农民发展生态农业和生态旅游等绿色产业，实现生态效益与经济效益的双赢。例如中国实施的退耕还林政策和草原生态补偿政策，旨在保护生态环境，提高资源利用效率，推动乡村产业升级和生态文明建设目标的实现。

在乡村产业升级的过程中，需要综合考虑当地资源禀赋、市场需求和政府政策，选择合适的路径和实施策略。这包括通过调整产业结构、推动农村技术创新、促进产业融合发展及加强生态环境保护等措施，实现乡村产业的可持续发展和生态环境的保护。只有在这些方面取得平衡和协调，才能真正实现乡村产业升级的目标，推动乡村振兴战略取得更大的成效。

四、城乡融合发展中乡村产业升级的潜在挑战与解决方案

城乡融合发展是推动国家经济发展和社会进步的重要战略，然而在城乡融合发展过程中，乡村产业升级面临着诸多挑战，如城乡发展差异、人口流失、基础设施滞后等问题。这里主要探讨这些潜在挑战及相应的解决方案，旨在为促进城乡融合发展提供理论支持和实践指导。

（一）城乡发展差异导致的乡村产业升级难题

城乡发展差异导致乡村产业升级面临诸多挑战，城市资源优势与乡村资源匮乏之间的差异导致乡村产业在技术、资金和市场等方面的不足。城市拥有先进技术和丰富资源，而乡村则面临技术更新和产品升级的困境。解决这一难题的关键在于促进城乡资源的有序流动和共享，实现城乡经济的互补发展。例如建立城乡合作机制，通过城市企业与乡村产业合作，共享技术和市场资源可以有效推动乡村产业的升级。这样的合作不仅可以促进技术的传播与应用，还可以增加乡村产业的竞争力，实现城乡经济的良性互动和共同发展。

（二）乡村人口流失与劳动力短缺的挑战及应对策略

乡村人口流失和劳动力短缺是乡村产业升级面临的严峻挑战，随着城市化进程的不断推进，大量农村劳动力流向城市导致乡村产业面临严重的用工荒。解决这一难题的关键在于采取有效的应对策略。需要加强农村人才培养与引进工作，通过提升农民的就业技能和素质，吸引更多年轻人留在乡村从事产业发展，从而缓解劳动力短缺的局面。可以推动农村产业结构调整，引入更多智能化、自动化的生产技术，减少对人力资源的依赖，提高生产效率。例如采用先进的农业机械设备和智能化管理系统，可以有效减少对人工劳动力的需求，提高农村产业的竞争力和生产效率。通过这些应对策略可以有效解决乡村人口流失和劳动力短缺带来的挑战，推动乡村产业的持续发展和升级。

（三）农村基础设施滞后对乡村产业发展的制约与解决途径

农村基础设施滞后严重制约了乡村产业的发展，相比于城市，农村地区的交通、水电、通信等基础设施建设滞后，给乡村产业发展带来诸多不便与限制。为应对这一挑战，需要加大对农村基础设施建设的投入。通过增加资金投入，加大基础设施建设的力度，如修建更多的道路、建设供水供电设施、通信网络覆盖可以提高农村基础设施的质量和覆盖范围，为乡村产业发展提供更好的支撑。可以推动城乡一体化规划，整合城乡资源，优化基础设施布局。通过合理规划和资源整合，可以更有效地满足农村地区的基础设施需求，促进农村基础设施的快速发展，从而为乡村产业的发展创造良好的环境和条件。例如加强城乡交通联通，优化农村公路网布局，提高农产品运输效率；加强农村电力、水利等基础设施建设，提高农村生产生活条件。通过这些措施可以有效解决农村基础设施滞后对乡村产业发展的制约问题，推动乡村经济持续健康发展。

（四）城乡融合政策落地难问题及解决方案探讨

城乡融合政策的落地难问题在于政策实施不到位和各部门协同配合不够，为解决这一难题需要加强政府部门间的协调配合，建立健全的城乡融合发展机制，明确各方责任，确保政策的有序实施。政府部门间应建立沟通机制，加强信息共享，协调解决各类问题，确保政策的贯彻执行。应加强对政策执行情况的监督和评估。建立科学合理的监督评估体系，对政策执行过程中的问题及时发现并采取有效措施和解决以确保城乡融合政策的顺利实施。还应强化公众参与，广泛征求各方意见，提高政策实施的透明度和公正性，增强政策执行的合法性和可持续性。通过以上措施的有效实施，可以解决城乡融合政策落地难的问题，推动城乡融合发展迈上新的台阶。

城乡融合发展中乡村产业升级面临着诸多挑战，包括城乡发展差异导致的技术和资源不足、人口流失与劳动力短缺及农村基础设施滞后等问题。为应对这些挑战，需要加强城乡资源共享与流动，推动农村产业结构调整和技术升级，加大对农村基础设施建设的投入，并加强政府部门间的协调配合和对政策执行情况的监督评估。通过这些努力，可以有效解决城乡融合发展中乡村产业升级的难题，推动城乡融合发展迈上新的台阶，实现经济社会可持续发展的目标。

第三节　农业供应链与产业协同发展

一、农业供应链的构建与优化

在当今竞争激烈的农业市场中，构建和优化农业供应链是确保农产品质量、提高效率、满足市场需求的关键之一，从生产到销售，每个环节都需要精心管理和优化，确保农产品能够高效地流通到消费者手中。这里主要探讨农业供应链中生产、采购、物流和销售等各个环节的优化与改进策略，以期为农业发展注入新的动力。

（一）农产品生产环节的优化与管理

在农产品生产环节，优化与管理是关乎产量和品质的核心，采用现代农业技术，如精准农业和智能化设备，能够显著提升生产效率和产品品质。例如利用无人机和传感器进行农田监测，实时获取土壤湿度、作物生长情况等数据，帮助农民科学决策和精准施肥，从而提高产量并减少资源浪费。另外，科学合理地管理土地和农作物种植结构可以最大限度地利用农业资源，提高土地的产出效益。通过优化生产环节的管理和技术应用，农产品生产能够更加高效、可持续地满足市场需求，为农业发展注入新动力。

（二）农产品采购与供应商管理的改进

在农产品采购与供应商管理方面，建立健全的供应链体系是确保产品质量和稳定供应的关键，与合作社、农户等建立长期稳定的合作关系至关重要。这种合作关系可以带来双赢，既确保了农产品的稳定供应，又提高了供应商的信任度和忠诚度。采用信息化技术对供应商进行管理和评估是必要的。通过建立农产品采购平台，可以实现对供应商的信息化管理，包括评估供应商的信用、产品质量等情况并及时调整供应链，提高采购效率和降低成本。例如利用数据分析和评估工具可以快速识别出高质量、高效率的供应商并与之建立长期合作关系，从而稳定供应链，保障农产品的采购质量和稳定性。综上所述，通过改进农产品采购与供应商管理可以提高采购效率，降低采购成本，进而推动农产品供应链的优化和升级。

（三）物流与运输体系的优化与升级

物流与运输体系的优化与升级对农产品的流通至关重要，采用先进的物流管理系统和冷链运输技术能够确保农产品在运输过程中的质量和安全。通过建立完善的冷链物流网络可以有效控制运输过程中的温度和湿度，保持农产品的新鲜度和品质，满足消费者对食品安全和品质的需求。加强农产品运输网络的建设，优化路线规划和运输方式，可以降低货物损耗和运输时间，提高物流效率和运输速度。例如采用智能化的路线规划系统和运输车辆可以减少中转次数和运输距离，降低运输成本，提高农产品的市场竞争力。综上所述，通过优化物流与运输体系可以加快农产品的流通速度，降低运输成本，提高产品的新鲜度和品质，从而促进农产品供应链的升级和优化。

（四）农产品销售渠道的多元化与拓展

为了提高农产品的销售渠道，需要采取多元化和拓展性的策略以满足不同消费者的需求。除了传统的农贸市场和超市销售外，还可以利用电商平台、农产品展会、直播销售等新兴方式进行销售以吸引更多消费者群体。通过利用电商平台，农产品可以直接面向全国甚至全球的消费者，打破地域限制，扩大销售范围。参加农产品展会可以增强产品的曝光度和知名度，吸引更多潜在客户。与餐饮企业、社区团购等合作也是拓展销售渠道的有效途径，例如与知名餐饮企业合作推出农产品菜单，可以满足消费者对新鲜、健康食材的需求，提高产品的市场认知度和口碑，从而拓展销售渠道并增加销售额。综上所述，通过多元化和拓展性的销售渠道策略，农产品可以更好地满足消费者需求，提升市场竞争力，实现销售业绩的持续增长。

农业供应链的构建与优化是一个多方面的工程，需要从生产、采购、物流到销售等各个环节都进行深入的优化和管理。在生产环节，采用现代农业技术能够提高产量和品质；在采购与供应商管理方面，建立稳定的合作关系和信息化管理能够确保产品质量和供应稳定性；在物流与运输体系方面，采用先进的物流管理系统和冷链技术能够确保产品在运输过程中的品质和安全；在销售渠道方面，多元化和拓展性的策略能够满足不同消费者的需求，提高产品市场竞争力。通过综合采取以上措施，农业供应链可以得到优化和升级，为农产品的生产、流通和销售提供更好的保障和支持。

二、城乡融合背景下农业产业协同发展的新模式探索

城乡融合发展是当前中国经济转型的重要战略方向之一，而农业产业的协同发展则是城乡融合进程中的关键环节。在城乡一体化规划的指导下，农业产业布局优化、城市农业与乡村旅游的产业协同发展、农产品与农村电商的融合发展及农业科技与现代农业产业的协同创新，成为推动城乡融合发展的重要举措，下面就这些方面进行探讨。

（一）城乡一体化规划下的农业产业布局优化

城乡一体化规划是指城市和乡村资源、产业、人口、生态等方面有机整合，实现城乡间的互动与融合发展。在这一背景下，农业产业布局的优化显得尤为重要。可以通过调整农业产业结构，推动农村产业向高附加值、绿色有机方向发展，提升农产品品质和附加值。加强城乡农业产业链的衔接，促进农产品的加工、销售等环节与城市产业对接，实现资源的优化配置和互利共赢。例如在城市周边地区发展特色农业，如有机蔬菜、绿色果品等，与城市居民形成紧密的供应关系，提高农产品市场占有率和经济效益。综合利用农村土地和资源，结合城市需求和市场机遇，优化农业产业布局，有助于实现城乡产业的协同发展，推动农业经济的转型升级。

（二）城市农业与乡村旅游的产业协同发展

城市农业和乡村旅游是城乡融合发展中两个重要的产业板块，它们之间存在着密切的互动关系。城市农业提供了丰富多样的农产品和农业体验活动，而乡村旅游则为城市居民提供了休闲度假、农耕体验等服务。因此，城市农业与乡村旅游的产业协同发展具有巨大潜力。可以通过开发农家乐、农庄观光、采摘园等农业旅游项目，吸引城市居民前往乡村旅游，促进当地农产品的销售和农村经济的

发展。城市农业也可以借助乡村旅游的平台进行产品推广和品牌建设，提升农产品的知名度和市场竞争力，例如一些农庄可以组织农耕体验活动，让游客亲自参与农作业，体验农民的生活方式，从而增加农产品的附加值和吸引力。通过城市农业与乡村旅游的产业协同发展，可以实现资源共享、互利共赢，推动城乡一体化发展取得更大成效。

（三）农产品与农村电商的融合发展模式探索

随着互联网技术的发展和普及，农村电商成为促进农产品销售和农村经济发展的重要途径。农产品与农村电商的融合发展模式探索可以有效地拓展农产品的销售渠道，提高销售效率和覆盖面。一方面，农产品可以通过农村电商平台直接面向消费者，实现线上线下的融合销售。另一方面，农村电商也可以帮助农民建立直接的销售渠道，减少中间环节，提高农产品的销售收益。例如一些农村电商平台可以提供农产品展示、在线订购、配送服务等功能，方便消费者购买农产品，也为农民提供了销售渠道和增收机会。通过农产品与农村电商的融合发展模式探索，可以促进农产品的品牌建设和市场拓展，提高农产品的竞争力和附加值，推动农村经济的发展。

（四）农业科技与现代农业产业的协同创新与发展

农业科技的发展对现代农业产业的升级和发展起到了至关重要的作用。农业科技包括智能农机、遥感技术、生物技术等，可以提高农业生产效率、节约资源、减少环境污染，推动农业产业的创新和发展。现代农业产业也为农业科技提供了广阔的应用场景和市场需求，促进了农业科技与现代农业产业的协同创新。例如通过智能农机的应用可以实现农田的精准施肥、定量灌溉，提高作物产量和质量；通过遥感技术的应用可以实现农田的监测和管理，及时预警病虫害等灾害，减少农业损失。农业科技与现代农业产业的协同创新，不仅可以提高农业生产效率和质量，还可以促进农业产业的转型升级，推动农村经济的发展。

城乡融合背景下农业产业协同发展不仅是农村经济发展的需要，也是实现城乡共同富裕的重要路径。通过城乡一体化规划的指导，优化农业产业布局，促进城市农业与乡村旅游的产业协同发展，推动农产品与农村电商的融合发展，以及加强农业科技与现代农业产业的协同创新，有助于实现城乡资源优势互补、产业融合发展，推动农村经济的转型升级，实现全面建设社会主义现代化国家的宏伟目标。

三、农产品生产、加工、流通环节的协同创新与优化

农产品的生产、加工和流通环节是农业产业链中至关重要的组成部分，为了提高农产品的生产效率、加工质量和流通效率，需要进行协同创新与优化。这里主要探讨农产品生产、加工、流通环节的协同创新与优化策略，包括生产与加工一体化模式、加工环节的技术升级与工艺创新、流通环节的信息化与智能化优化及农产品质量安全体系的建立与完善。

（一）农产品生产与加工一体化模式的探索与实践

农产品生产与加工一体化模式的探索与实践是为了实现农产品产业链的全面闭环从而提高效率和附加值。这种模式可以通过建立农产品种植基地并与加工厂的合作关系来实现，例如合作社或农民专业合作社可以组织农户进行农产品的种植并与加工厂签订长期合作协议，农产品直接送往加工厂进行加工。这样一来，农产品的生产和加工环节紧密衔接，减少了中间环节，降低了成本，提高了农产品的附加值。由于加工厂可以根据市场需求进行订制加工，生产出具有品牌特色的农产品，有利于提高产品竞争力和市场份额。农产品生产与加工一体化模式的探索与实践有助于促进农产品产业的发展，提高农民收入，推动乡村振兴。

（二）农产品加工环节的技术升级与工艺创新

农产品加工环节的技术升级与工艺创新是推动农业产业升级和提升竞争力的重要途径，采用先进的加工设备和技术可以提高加工效率和产品质量，开发出更多样化、高附加值的农产品。例如利用先进的加工设备和自动化生产线可以提高加工速度和精度，减少人力成本，保证产品的一致性和稳定性。另外，通过工艺创新可以开发出更多种类的农产品及其副产品，满足市场不同需求，提高产品附加值。农产品加工过程中也应重视节能环保，可以探索利用生物质能、太阳能等可再生能源，减少对传统能源的依赖，降低生产成本，减少对环境的影响。优化生产工艺，减少废水、废气和固体废弃物的排放，推广循环利用和资源综合利用

技术，实现农产品加工的绿色环保。

（三）农产品流通环节的信息化与智能化优化

农产品流通环节的信息化与智能化优化是提升农业产业链效率和服务水平的重要手段，建立农产品流通信息平台可以实现农产品信息的全面共享和透明化，有助于消费者了解产品的产地、生产过程、质量等信息，增强消费者信心，促进消费。这样的平台还可以为产地、生产者、经销商等提供交流合作的平台，加强产业链上下游之间的联系，提高资源利用效率。利用物联网技术和大数据分析，可以实现农产品流通的智能化管理和优化。通过物联网技术，可以实现对农产品的追溯和监控，确保产品质量和安全。大数据分析则可以利用历史数据进行预测性分析，优化物流配送路线和货物库存管理，提高流通效率和成本效益。例如利用传感器和 RFID 技术实时监测冷链运输过程中的温度、湿度等环境因素，保障农产品的新鲜度和品质。

（四）农产品质量安全体系的建立与完善

为建立健全的农产品质量安全体系，需要在生产、加工和流通环节加强监督和管理。在生产环节应加强对农药、化肥使用的管理，推广绿色有机种植技术，减少农药残留和污染物质。通过指导农民科学施肥、合理使用农药，可以降低化学物质对农产品的污染程度，保障产品质量和消费者健康。在加工环节，需要加强生产工艺的控制和质量检测，确保农产品加工的安全卫生。建立健全的加工标准和流程，采用先进的生产设备和技术，严格执行卫生标准和操作规程，确保加工过程中的卫生安全。加强对原材料的检验和筛选，防止使用劣质原材料或受污染的原材料，从源头上保证产品质量。在流通环节，应加强对产品流向和质量的监管，建立完善的产品追溯系统，实现农产品的全程可追溯，对于出现质量问题的产品能够及时追踪到原因和责任。加强对市场的监管，打击假冒伪劣产品和不法行为，维护市场秩序和消费者权益。

农产品产业的发展离不开生产、加工和流通环节的协同创新与优化，通过探索农产品生产与加工一体化模式，优化加工工艺和提升技术水平，建立信息化与智能化的流通系统及健全质量安全体系，可以提高农产品的产业链效率和附加值，推动农产品产业的可持续发展。在未来还应不断探索更多创新路径，进一步提升农产品产业的竞争力和市场影响力，促进农业现代化进程，实现乡村振兴和农民增收致富的目标。

四、城乡融合促进农产品价值链延伸的实践与经验分享

在城乡融合的背景下农产品的产业链不断延伸和提升已成为实现农业可持续发展的重要路径之一，在这一过程中，农产品的品牌建设、深加工、冷链物流及农产品产地旅游与乡村体验式消费等方面的实践和经验分享尤为关键。这些实践不仅促进了农产品的附加值提升，还推动了城乡融合的进程，助力农业产业的发展和升级。

（一）农产品品牌建设与市场营销策略

在当今城乡融合的大环境下，农产品品牌的建设与市场营销策略显得尤为关键，建立有影响力的农产品品牌不仅可以增强产品的竞争力，还能提升其附加值，例如中国的三元牛奶以其高质量、安全的形象深受消费者信赖，成为市场的领导者。在市场营销策略方面，采取线上线下相结合的方式，通过电商平台、社交媒体等渠道进行品牌宣传和产品推广，以吸引更多消费者的关注和购买。注重产品包装设计、口碑营销和消费者体验也是至关重要的，这有助于打造与众不同的品牌形象，提升品牌的价值和市场份额。

（二）农产品深加工与附加值提升

农产品深加工是提升其附加值的重要途径，有助于实现农产品价值链的延伸，例如水果进行深加工，制成果汁、果酱等产品，或者农产品加工成方便食品、保健品等，都能够提升产品的附加值。以苹果为例，除了销售鲜果外还可以加工成苹果干、苹果醋等产品，从而增加产品的种类和利润空间。开发具有特色的深加工产品，如地方特色小吃、手工艺品等也能够吸引更多消费者，提高产品的市场竞争力。深加工不仅能够增加产品的附加值，还能够满足消费者多样化的需求，为农产品赋予更多市场潜力。

（三）农产品冷链物流体系的建设与应用

农产品冷链物流体系的建设与应用对保持产品的新鲜度和质量至关重要，通过建设完善的冷链物流系统可以实现从生产地到消费者手中的全程冷链保鲜，确保农产品在运输过程中保持最佳状态。例如新鲜蔬菜、水果等农产品在运输过程中保持适宜的温度和湿度条件能够延长其保鲜期，提高产品的市场竞争力和附加值。冷链物流系统还能提高农产品的运输效率，减少货物损耗和浪费，降低运输成本，促进农产品流通的畅通和发展。通过冷链物流系统的应用，不仅可以提升农产品的品质和市场竞争力，还能够满足消费者对高品质、新鲜农产品的需求，促进农产品市场的发展与繁荣。

（四）农产品产地旅游与乡村体验式消费的发展

农产品产地旅游和乡村体验式消费是城乡融合促进农产品价值链延伸的重要策略之一，通过开展农产品产地旅游，消费者可以亲身参与农产品的生产过程，了解产品的原产地和生态环境，从而增强对产品的信任和认同感。例如一些农场提供农家乐、采摘游等活动，吸引游客前来参观体验，不仅增加了农产品的曝光度和知名度，还给农民带来了额外的收入来源。乡村体验式消费也给农村经济的发展带来了新的机遇。通过提供农村旅游、民宿、手工艺品等服务，农民可以更好地参与市场经济，增加收入，促进了农村经济的多元化发展。这种形式的消费也有助于拉近城乡之间的距离，促进城乡融合的进程，实现农产品价值链的全面延伸和提升。

通过农产品品牌建设与市场营销策略的优化，农产品能够树立起良好的形象，提高市场竞争力。农产品的深加工能够增加产品的附加值，满足消费者多样化的需求。农产品冷链物流体系的建设与应用则保障了产品的新鲜度和质量，在市场中赢得了消费者的信任，而农产品产地旅游与乡村体验式消费的发展则为城乡融合提供了新的动力，促进了农村经济的繁荣和多元化发展。综上所述，这些实践与经验分享共同推动了农产品价值链的延伸和提升，为农业产业的可持续发展注入了活力。

第四节 城乡绿色发展与生态农业建设

一、城乡绿色发展理念下的生态农业价值与特点

生态农业作为城乡绿色发展理念的重要组成部分，在当今社会扮演着至关重要的角色。其核心理念与城乡绿色发展理念紧密契合，共同强调对生态环境的保护和可持续发展的追求。本节主要是在这一背景下探讨生态农业在保护生态环境、改善农产品品质、促进农村经济发展及实现农业可持续发展方面的价值与特点。

（一）生态农业的价值观与城乡绿色发展理念的契合

生态农业的核心理念与城乡绿色发展理念紧密契合，共同强调了对生态环境的保护和可持续发展的追求。在生态农业中重视自然生态系统的保护与恢复，通过避免过度开发和污染，尊重自然规律，实现了与城乡绿色发展理念的一致性。例如采用有机农业种植方式，不使用农药和化肥，这种做法不仅有利于保护土壤生态系统的健康，也能有效减少对环境的污染。从而符合城乡绿色发展理念对生态环境优先的要求。因此，生态农业的价值观与城乡绿色发展理念的契合，为推动可持续农业和生态环境的共同发展提供了坚实基础。

（二）生态农业在保护生态环境和资源可持续利用方面的特点

生态农业在保护生态环境和资源可持续利用方面具有独特的特点。生态农业采用循环农业模式，将农业废弃物转化为有机肥料，实现了资源的再利用，减少了对环境的污染，提高了资源利用效率。例如将农作物残留物和动物粪便转化为有机肥料，不仅减少了化学肥料的使用，还促进了土壤健康和生态系统的平衡发展。生态农业注重生物多样性的保护，通过生态种植和建设生态廊道等措施，促进了农田生态系统的复原和生物多样性的增加。例如种植不同种类的作物和引入天敌生物来控制害虫可以降低农药的使用量，保护自然生态系统的稳定性。因此，

生态农业在保护生态环境和资源可持续利用方面发挥着重要作用，为实现农业的可持续发展提供了有效途径。

（三）生态农业对于改善农产品品质和保障食品安全的作用

生态农业对于改善农产品品质和保障食品安全发挥着关键作用，采用无化学农药、无化学肥料的种植方式是其突出特点之一。这种种植方式保证了农产品的天然健康，品质更加优良，例如有机农业生产的蔬菜水果不含农药残留，因而更受消费者信赖，食用更加安全放心。生态农业强调土壤养分的平衡和土壤微生物的丰富性，这有利于提升植物的自然抵抗力，减少病虫害的发生。通过维护土壤的生态平衡，生态农业有效地降低了农产品的化学残留物含量，保障了食品安全。因此，生态农业不仅提高了农产品的品质，还为人们提供了更加健康、安全的食品选择。

（四）生态农业对于促进农村经济发展和实现可持续农业的重要性

生态农业对于促进农村经济发展和实现可持续农业具有重要意义。生态农业可以提高农产品的附加值，如有机农产品价格更高，能够增加农民的收入，这不仅促进了农村经济的增长，也提高了农民的经济收益。生态农业的发展创造了更多的就业机会，涵盖了从生产到销售等各个环节。这有助于解决农村就业问题，提升了农民的生活质量。生态农业还推动了农村产业结构的升级，促进了农村经济的多元化发展，降低了农村经济的单一性风险。从长期来看，生态农业的可持续发展有利于保护农业资源，提高生态系统的稳定性和健康度，为农村经济的长远发展奠定了坚实基础。因此，生态农业在促进农村经济发展和实现农业可持续发展方面扮演着重要角色。

生态农业以其与城乡绿色发展理念的契合，成为当代农业发展的重要路径之一，其价值在于保护生态环境、提高农产品品质、促进农村经济发展和实现农业可持续发展。通过无化学农药、无化学肥料的种植方式，生态农业不仅保障了食品安全还提高了农产品的附加值，促进了农民收入增长，推动了农村经济的多元化发展。因此，生态农业在构建可持续农业和促进城乡绿色发展方面发挥着重要作用，值得持续关注和支持。

二、城市生活垃圾资源化利用与农业生产的融合发展

城市生活垃圾资源化利用与农业生产的融合发展是一项关乎环境保护、农业可持续发展和城乡一体化的重要举措。城市垃圾通过分类、处理和再利用，转化为农业所需的有机肥料、生物能源等资源，不仅能有效减少环境污染，还能促进农业生产的高效发展。在政府政策支持下，垃圾分类技术和有机废弃物肥料的应用在农业生产中发挥着重要作用，为实现资源循环利用、推动农业可持续发展提供了有力支持。这里主要探讨城市生活垃圾资源化利用与农业生产的概念和意义、技术应用效果及政策支持推动措施。

（一）城市生活垃圾资源化利用与农业生产的概念和意义

城市生活垃圾资源化利用是一种城市生活垃圾分类、处理和再利用的方法，旨在将可回收、可再生资源从垃圾中提取出来，转化为农业生产所需的有机肥料、生物能源等，实现资源的循环利用。这种做法的意义重大，减少了垃圾填埋和焚烧带来的环境污染，有助于提高城市环境质量，减少对自然资源的过度消耗。城市生活垃圾资源化利用为农业生产提供了可持续发展的重要支撑，通过废弃物转化为资源，满足了农业生产对于有机肥料、生物能源等的需求，有助于提高农业生产效率和质量。这种做法还促进了城乡间的协同发展，通过城市垃圾资源化利用的方式，城市与农村产业链相连接，促进了资源的有效利用和再利用，推动了城乡一体化发展。因此，城市生活垃圾资源化利用在实现资源循环利用、促进农业可持续发展及推动城乡协同发展方面具有重要的概念意义和实践价值。

（二）垃圾分类和处理技术在农业生产中的应用与效果

垃圾分类和处理技术在农业生产中的应用广泛而有效，对厨余垃圾进行生物发酵处理是一种常见的处理方式。通过适当控制温度、湿度和通气条件，厨余垃圾可以被微生物分解为有机肥料，得到的有机肥料富含营养物质和有机质，可以作为农田的优质有机肥料，为作物提供所需的养分，提高土壤质量，增加土壤肥力。这种处理方式不仅可以减少厨余垃圾的填埋量和焚烧带来的环境污染，还能有效利用废弃物资源，实现循环利用。废弃的植物秸秆经过深加工处理可以转化为生物质燃料，植物秸秆通常可以通过压榨、颗粒化等方式进行加工，得到生物

质颗粒或者生物质燃料。这些生物质燃料可以用于农业生产中的能源供应，如农用热水、温室供暖等。利用废弃的植物秸秆作为生物质燃料不仅可以减少对传统化石能源的依赖，还能进一步减少废弃物的排放和环境污染。

（三）城市有机废弃物肥料对于土壤改良和农作物生长的影响

城市有机废弃物肥料对土壤改良和农作物生长具有多方面的积极影响，这种肥料富含有机质和营养元素，如氮、磷、钾等，能够为土壤提供养分，促进土壤微生物的活动，改善土壤结构。有机质的添加可以增加土壤的保水保肥能力，提高土壤通气性和保湿性，有利于植物根系的生长和发育。有机废弃物肥料中含有丰富的微生物和生物活性物质，这些微生物有助于维持土壤微生物群落的多样性和稳定性，促进土壤生态系统的健康发展。城市有机废弃物肥料的使用可以提高农作物的产量和品质，有机质和营养元素的充分供应可以促进农作物的生长，增加叶片的光合作用，加快植物生长速度，提高植物对病虫害的抵抗力。有机废弃物肥料中的微生物和生物活性物质有助于植物根系吸收养分，提高养分利用率，从而增加农作物的产量。有机废弃物肥料的使用还可以改善农产品的品质，使农产品更加健康、营养丰富。

（四）城市生活垃圾资源化利用与农业生产的政策支持和推动措施

政府在促进城市生活垃圾资源化利用与农业生产融合发展方面采取了多项政策支持和推动措施，政府制定了相关的垃圾分类处理法律法规，强调垃圾分类处理的重要性和必要性，明确了各级政府、企业和公民的责任与义务。这些法律法规为垃圾分类处理工作提供了法律依据和制度保障，为推动城市生活垃圾资源化利用奠定了基础。政府建立了城市生活垃圾分类处理的示范工程，通过在一些地区设立示范点，推广先进的垃圾分类处理技术和经验，引导居民正确分类投放垃圾。这些示范工程在实践中起到了示范和引领的作用，提高了居民对垃圾分类处理的认知和参与度，为全面推广垃圾分类奠定了基础。政府还鼓励企业和农民合作，建立垃圾资源化利用与农业生产的产业链。通过政府补贴、税收优惠等方式，鼓励企业投资建设垃圾分类处理设施，推动垃圾资源化利用技术的研发和应用。政府还加大对农业生产的支持力度，鼓励农民利用城市生活垃圾资源化利用的有机肥料和生物能源，实现农业生产的可持续发展。

城市生活垃圾资源化利用与农业生产的融合发展,不仅有助于提高环境质量、提升农业生产效率,还推动了城乡一体化发展。垃圾经过分类处理后,在农业生产中广泛应用,可以生产有机肥料和生物能源,有效提高土壤质量和农产品产量。政府在推动这一进程中制定了相关法律法规、建立示范工程、鼓励企业和农民合作,为城市垃圾资源化利用与农业生产的融合发展提供了政策支持和保障。这些举措的实施为构建资源节约型、环境友好型社会提供有力保障,为实现可持续发展目标迈出重要一步。

三、生态农业技术在城乡融合发展中的应用与效果评估

　　生态农业技术在城乡融合发展中扮演着重要角色,既推动了农村经济的转型升级,又促进了城市与农村的互动与共生。城市周边地区的生态农业技术应用,如有机农场和农业生态园区的发展,为城乡融合提供了新的路径和机遇。生态农业技术的效果评估不仅体现在提高农产品产量和品质,还涵盖了减少农业生产对环境的影响及促进农村经济发展和农民增收等方面。文本对生态农业技术在城乡融合发展中的应用与效果进行全面评估和分析。

(一)生态农业技术在城市周边地区的实际应用情况

　　在城市周边地区生态农业技术的应用已经成为一种趋势,城市郊区的有机农场是典型的例子,它们通过采用生态种植和养殖技术,如无化学农药、无化肥的种植方式,生产出无公害、绿色有机农产品。这些农场不仅提供了优质的农产品,还向消费者传递了对环境友好和健康生活的理念。另外,城市农村融合地区的农业生态园区也在发展中,它们将农业与旅游、休闲、观光等产业有机结合。通过举办农业观光活动、提供农家乐服务等方式,这些园区吸引了大量城市居民前来参观、体验,从而推动了城乡一体化发展。这种模式不仅为城市居民提供了一个了解农业、亲近自然的机会,也为农民增加了收入来源,促进了地区的经济发展和社会稳定。

(二)生态农业技术对提高农产品产量和品质的效果评估

　　生态农业技术的应用在提高农产品产量和品质方面发挥了显著的效果,以有机种植为例,采用生物有机肥料和生物防治病虫害的方法可以带来多方面的好处。

生物有机肥料的使用有助于提高土壤质量，增加土壤的肥力和持水性，提高了土壤的生态环境，为植物的生长提供了更好的条件。采用生物防治病虫害的方法可以降低化学农药的使用量，减少对土壤和环境的污染，也减少了农作物对化学农药的依赖性。这种综合的管理方式不仅有助于提高作物的抗病虫能力，减少病虫害的发生，还能够有效地提高农产品的产量。生态农业技术的应用也对农产品的品质产生了积极影响，无化学农药残留的农产品更加安全健康，符合人们对食品安全和健康的需求。由于采用了无化学农药的种植方式，农产品的口感更加纯正，营养成分也更加丰富，更符合消费者对高品质食品的追求。因此，这些生态农产品往往更受消费者的青睐，市场竞争力也更强。

（三）生态农业技术在减少农业生产对环境的影响方面的效果评估

生态农业技术的应用在减少农业生产对环境的影响方面发挥了重要作用。生物有机肥料和生物防治技术的采用降低了化学农药和化肥的使用量，这种减少不仅有助于避免对土壤和水体的污染，还减少了对生态系统的负面影响，有利于维护生态平衡。生物有机肥料的使用能够提高土壤的有机质含量，改善土壤结构，增加土壤的保水保肥能力，减少土壤侵蚀和土地退化的风险；而生物防治技术的应用则有助于控制病虫害的发生，减少对化学农药的依赖，从而降低化学农药残留对环境和生态系统的影响。生态农业还注重保护农田周边的自然生态环境，例如通过建立生态廊道、保护湿地和生态林带等方式，保护并恢复了生态系统的多样性和稳定性。这些措施有助于提高农田的生态环境质量，减少农业活动对周边自然生态系统的干扰，进而促进了生态系统的健康发展。

（四）生态农业技术在促进农村经济发展和农民增收方面的效果评估

生态农业技术的推广应用对促进农村经济发展和农民增收起到了积极作用。有机农产品因其高附加值和对健康、安全的需求而受到市场欢迎，为农民提供了更多的收入来源。由于消费者对有机食品的认知增加，有机农产品的价格往往比普通农产品更高，这使得农民通过有机种植获得了更丰厚的收益。生态农业产业链的发展带动了农村地区的就业机会增加，除了种植有机农产品外，有机农业还带动了一系列相关产业的兴起，如有机农产品的加工和销售、农家乐、观光农业等。这些产业的发展不仅为农民提供了增收机会，还为农村地区的年轻人创造了更多的就业岗位，缓解了农村劳动力空心化的问题，促进了农村经济的多元化发展。

生态农业技术在城乡融合发展中的应用与效果评估涉及多方面。在城市周边地区的实际应用中，有机农场和农业生态园区的兴起为城乡融合提供了实践基础和示范模式。生态农业技术的应用显著提高了农产品的产量和品质，减少了农业生产对环境的不利影响，有助于实现可持续发展目标。生态农业技术的推广应用促进了农村经济的发展和农民增收，为农村地区提供了多元化的发展机会，丰富了城市居民的生活选择。综合而言，生态农业技术在城乡融合发展中的应用效果明显，为实现城乡共同繁荣和可持续发展提供了重要支撑和保障。

四、城乡融合推动生态农业建设的政策支持与实践探索

城乡融合是当前社会发展的重要趋势，而生态农业建设作为城乡融合中的重要组成部分，受到了政府和社会的广泛关注与支持。政府在推动城乡融合中的生态农业建设方面采取了多项政策和措施，以促进农村经济的发展、改善农民生活水平并推动农业的可持续发展。在政府的引领下，农业企业和农民也积极参与到生态农业建设中，共同探索新的发展模式，取得了一系列成功的案例。这里重点探讨政府在推动生态农业建设方面的政策支持与实践探索及相关成功案例的经验总结。

（一）政府在城乡融合中推动生态农业建设的政策和措施

政府在城乡融合中推动生态农业建设的政策和措施多方面而有力，一方面，政府出台了一系列鼓励政策，如提供财政补贴和税收优惠，支持农民转型发展生态农业；另一方面，政府还加大了对生态农业项目的资金支持和技术指导，推动农村地区建设有机农场和生态农业园区，例如中国政府实施的乡村振兴战略中明确提出支持生态农业发展，为农民提供土地流转、资金扶持、技术培训等政策措施，鼓励他们积极参与生态农业建设，推动城乡融合发展。

（二）政府与农业企业合作推动生态农业项目的实践经验分享

政府与农业企业合作推动生态农业项目的实践经验分享在城乡融合中发挥了关键作用，这种合作模式旨在整合政府资源和企业技术，以提高农业生产效率和可持续发展水平。例如中国的"政府＋企业"合作模式在一些地方取得了显著成

第四章　城乡融合与农业现代化

效，政府为农业企业提供土地和政策支持，而企业则提供先进的技术和管理经验。这种合作形式不仅推动了生态农业的发展，还促进了农民收入的增加和农村经济的繁荣。通过开展培训、技术交流等活动，政府与企业共同向农民传授生态农业的理念和技术，帮助他们提升生产技能和管理水平。这种经验分享不仅加速了生态农业的普及，也为城乡融合提供了成功的范例。

（三）农民参与生态农业建设的激励政策和支持措施

为鼓励农民积极参与生态农业建设，政府实施了一系列激励政策和支持措施。针对参与生态农业的农户，政府提供土地流转补贴，鼓励他们将土地用于生态农业项目，保障其利益和权益。政府给予种植补贴和生产补贴以减轻农民的经济负担，促进其投入生态农业的积极性。政府还提供技术培训和市场导，向的指导帮助农民学习和掌握生态农业的种植技术和经营管理方法，提高其生产能力和经营水平。通过这些激励政策和支持措施，政府鼓励农民积极参与生态农业建设，推动农村经济的发展，实现了农村与城市的良性互动和共同繁荣。

（四）城乡融合中生态农业建设的成功案例和经验总结

在城乡融合中，一些成功的生态农业建设案例为人们提供了宝贵的经验和启示，例如位于中国浙江省的西湖茶园生态农场，通过引入先进的生态农业技术和管理理念，成功将传统的茶园转变为生态茶园。这里生产的高品质有机茶叶吸引了大量游客前来参观和购买，不仅为农民增加了收入，也提升了当地的旅游业发展水平。另一个例子是德国的农村生态旅游项目，通过开展农家乐、观光农业等活动，农业与旅游业有机结合，为农民创造了更多的收入来源，促进了当地经济的繁荣。这些成功案例表明，生态农业建设在城乡融合中具有重要意义，政府、企业和农民的合作共赢是推动农业可持续发展和乡村振兴的有效途径。通过借鉴这些成功经验，可以为其他地区的生态农业建设提供有益的借鉴和指导。

通过政府的政策支持与实践探索，城乡融合中的生态农业建设取得了显著的成效。政府出台了一系列鼓励政策，为农民转型发展生态农业提供了支持；政府与农业企业合作推动生态农业项目的实践经验分享提高了农业生产效率和可持续发展水平；政府还通过激励政策和支持措施鼓励农民积极参与生态农业建设。

在这一背景下，一些成功的生态农业建设案例涌现出来，为城乡融合提供了宝贵经验和启示。这些成功案例不仅推动了农业可持续发展和乡村振兴，也为其他地区的生态农业建设提供了有益的借鉴和指导。可以预见，随着政府政策的持续支持和各方合作的深入推进，城乡融合中的生态农业建设迎来更加美好的发展前景。

第五章 农产品走出去与城里产品引进来

第一节 新时期农产品走出去的背景

一、农产品溯源体系建立

农产品溯源体系的建立对于保障农产品质量安全、提升消费者信任度及促进农产品贸易发展具有重要意义，在政府的推动下，农产品溯源体系建设取得了显著成效，但也面临着与国际标准接轨的挑战。这里主要探讨农产品溯源体系建设的定义和重要性、政府推动建设的措施及建设的成效与面临的挑战，并提出相应的应对措施。

（一）农产品溯源体系的定义和重要性

农产品溯源体系是指通过记录和追踪农产品生产、加工、流通等环节的信息，实现对产品来源、生产过程、流通路径等信息的全程监控和追溯。这一体系的建立对于保障农产品质量安全、提高消费者信任度、加强市场监管、推动农产品贸易发展等方面具有重要意义。通过农产品溯源体系可以确保农产品的质量安全和合规性，为消费者提供可追溯的产品信息，增强市场竞争力。溯源体系的建立有助于有效监管生产过程中的各个环节，及时发现问题并追溯责任，提高了消费者对农产品的信任度，也为农产品开拓国际市场提供了重要保障。

（二）政府推动农产品溯源体系建设的措施

政府在推动农产品溯源体系建设方面采取了多项措施，加强立法和政策制定，明确农产品溯源体系的建设目标、标准和要求。这包括颁布相关法律法规，规范农产品生产、加工、流通等环节，以及制定政策激励企业和农户积极参与溯源体系建设。政府投入资金和技术支持，推动农产品溯源技术的研发和推广应用。这涉及对溯源技术的研究和开发投入资金，并通过资助培训和设立技术示范基地等方式，推广先进的溯源技术和设备。政府建立了监管机构和信息平台，加强对农产品生产、流通环节的监督管理。这些监管机构负责监督溯源数据的收集、存储和管理，确保信息的真实性和可靠性。政府还开展宣传教育和培训活动，提升农民和企业对农产品溯源工作的重视和参与度。通过举办培训班、发布宣传材料等形式，加强对农产品溯源意义和技术方法的宣传，提高相关人员的认识水平和操作技能。这些措施共同推动了农产品溯源体系的建设和完善，为保障农产品质量安全、提升市场信任度发挥了重要作用。

（三）农产品溯源体系建设的成效与影响

农产品溯源体系建设取得了显著成效，对农产品质量安全、市场信任度和国际贸易提供了有效保障。通过溯源体系能够及时发现和追踪问题产品，实现风险防控和问题溯源，有效保障了消费者的健康和权益。消费者可以通过溯源系统获取产品的详细信息，包括生产地点、生产时间、生产者信息等，增强了对产品质量和安全的信心。农产品溯源体系的建立促进了农产品生产者的规范化管理和产业升级。生产者需要按照标准化的生产流程和质量要求进行生产，提高了产品的品质和安全水平，增加了产品的附加值和市场竞争力。农产品溯源体系的建立也有利于拓展农产品的国际市场。许多国家和地区对进口农产品的溯源要求较高，建立健全的溯源体系可以提升产品的国际竞争力，促进农产品的出口贸易。综上所述，农产品溯源体系的建设对农产品质量安全、市场信任度和国际贸易都产生了积极影响，为农产品产业的可持续发展奠定了坚实基础。

（四）与国际标准接轨的面临挑战与应对措施

农产品溯源体系建设面临着与国际标准接轨的挑战，因为不同国家和地区对于农产品溯源的标准体系、技术规范和信息互通存在差异。为了应对这一挑战，政府可以采取多方面应对措施。例如，加强国际合作与交流，与其他国家分享经验、学习借鉴先进技术和管理经验，以促进农产品溯源标准的国际化和一体化。政府可以逐步完善国内农产品溯源标准和体系，使其与国际接轨。这包括参与国际标准的制定和修订，提高我国标准的国际影响力，根据国际市场需求调整和完善国内的溯源标准。政府还应推动技术创新和信息化建设，提高农产品溯源系统的智能化水平和互操作性，以满足国际市场的需求。例如中国政府与阿里巴巴集团合作推出的"农产品电子溯源"项目，利用互联网和大数据技术，为农产品提供全程追溯服务，有效提升了国内农产品的国际竞争力。综上所述，通过加强国际合作、完善国内标准和推动技术创新，可以有效应对农产品溯源体系与国际标准接轨的挑战，提升农产品的国际竞争力和市场地位。

通过政府的努力推动，农产品溯源体系的建设取得了显著成效。这一体系的建立不仅有助于确保农产品的质量安全和合规性，提升了消费者的信任度，还促进了农产品产业的升级和国际市场的拓展。然而与国际标准接轨仍然是一个挑战，需要政府加强国际合作与交流，完善国内标准和推动技术创新，提升农产品的国际竞争力和市场地位。

二、农产品品质提升

随着人们生活水平的提高和健康意识的增强，农产品品质提升已成为农村产业发展的迫切需求。在这个背景下的农产品品质提升不仅满足了消费者对食品安全和质量的要求，也成为推动农村经济快速发展的重要动力探讨农产品品质提升的背景意义、技术支持与创新、市场推广策略及其对社会的影响与效果评估，旨在为农村产业的升级与发展提供深入的思考和探讨。

（一）品质提升的背景和意义

在当今社会，随着人们生活水平的提高和健康意识的增强，消费者对农产品品质的要求越来越高，食品安全问题备受关注，人们更加注重食品的健康和质量。因此农村产业发展的当务之急就是提升农产品品质。通过提升农产品的品质，不仅可以满足消费者日益增长的需求，还能增加产品的附加值，从而提高农民的收入水平，促进农村经济的快速发展。品质提升也有助于拓展市场，树立良好的品牌形象，提升企业的竞争力和地位，对于农产品产业的可持续发展具有重要意义。因此，加强对农产品品质的提升，对于农村产业结构调整、经济增长方式转变具有重要意义，对于实现乡村振兴战略目标具有重要作用。

（二）农产品品质提升的技术支持与创新

农产品品质提升离不开技术的支持和创新，采用先进的种植技术和管理模式是提高农产品品质的重要手段之一，例如温室种植和无土栽培技术可以有效控制环境因素，提高作物产量和品质稳定性。科学施肥和病虫害防治技术的应用可以减少对化学农药的依赖，降低农产品的农药残留，保证产品的安全性和健康性。农产品的加工技术和包装设计也是品质提升的关键环节。通过精细加工和精美包装可以提升产品的外观质感和口感体验，增加产品的附加值，吸引更多消费者的关注和选择。因此，技术支持和创新在农产品品质提升过程中发挥着至关重要的作用，为农产品产业的发展提供了坚实的技术基础和保障。

（三）农产品品质提升的市场推广策略

农产品品质提升需要配合有效的市场推广策略，以确保产品能够被消费者充分认知和接受。建立知名品牌是关键。品牌代表了产品的信誉和价值，强调产品的质量和安全性，可以赢得消费者的信任和忠诚。积极开展线上线下的宣传推广活动也是必不可少的。参加农产品展销会、市集等活动，展示产品的优势和特色，加强与消费者的互动交流，可以有效提升产品的知名度和美誉度。利用互联网平台进行广告宣传、社交媒体营销等也是重要手段，吸引更多消费者的关注和购买。建立健全的售后服务体系也至关重要。及时解决消费者的问题和投诉，提供良好的售后服务体验，可以增强消费者对产品的信心和满意度，促进口碑的传播和品牌形象的提升。综上所述，市场推广策略的合理运用可以有效提升农产品的知名度、美誉度和市场占有率，为产品品质提升提供坚实的市场基础。

（四）农产品品质提升的社会影响与效果评估

农产品品质提升不仅对农村经济有着深远的影响，也给社会发展带来积极效果，提升农产品品质可以直接促进农民增收致富，改善其生活水平。高品质的农产品能够获得更高的销售价格，增加农民的收入来源，进而推动整个农村经济的发展。品质提升有利于拓展市场，增加农产品的销售收入，为农村产业发展注入新的动力，促进经济的繁荣和社会的进步。另外，提升农产品品质还可以提高人民的生活质量，保障食品安全和健康，为社会的稳定与和谐做出积极贡献。综上所述，农产品品质提升对于农村产业发展和社会进步具有重要意义。为了实现这一目标，需要政府、企业和社会各界通力合作，加强合作与协调，共同推动品质提升工作取得更大的成效，实现农村经济的可持续发展和社会的全面进步。

农产品品质提升是农村产业发展的关键之一，通过技术支持与创新，市场推广策略的合理运用及对社会影响与效果的评估，农产品品质得以提升，不仅促进了农民增收致富，改善了生活水平，也推动了农村经济的繁荣与社会的进步。然而，要实现农产品品质提升的目标，需要政府、企业和社会各界通力合作，共同努力推动品质提升工作取得更大成效，实现农村经济的可持续发展和社会的全面进步。

三、农产品竞争力增强

随着全球化和市场经济的不断发展，农产品的竞争力愈加凸显，这一现象的背后是消费者对食品安全、品质和多样性需求的不断提升。随着生活水平的提高和健康意识的增强，人们更加注重食品的质量和安全，这促使农产品行业必须不断探索提高竞争力的途径。农产品生产面临着诸多挑战，如环境污染和资源短缺，这进一步加大了提升竞争力的紧迫性。本节主要探讨在此背景下农产品竞争力增强的背景与动因、加工与包装改进、营销渠道拓展、品牌建设与国际市场拓展等方面的重要举措。

(一) 竞争力增强的背景与动因

随着全球化和市场经济的发展，农产品的竞争力日益受到重视。这一趋势的背景是消费者对食品安全、品质和多样性的不断提升的需求。随着人们生活水平的提高和健康意识的增强，消费者对食品的质量、安全性和营养价值要求更加严格。他们更倾向于选择品质可靠、安全放心的农产品，这促使农产品行业必须不断探索提高竞争力的途径。在动因方面，农产品生产面临诸多挑战，其中包括环境污染、资源短缺等问题。环境污染导致土壤质量下降，水资源受到污染，这对农产品的质量和安全构成了威胁。资源短缺也限制了农产品的生产规模和质量。为了应对这些挑战，提升农产品的竞争力成为当务之急。只有通过提高产品品质、加强品牌建设、拓展市场渠道等措施，才能在激烈的市场竞争中脱颖而出，满足消费者的需求，实现农产品产业的可持续发展。

（二）农产品加工与包装的改进与创新

农产品加工与包装的改进与创新对于提升竞争力至关重要，通过采用先进的加工技术和设备，农产品可以在加工过程中得到更好的处理，提高产品的品质和口感，从而增加产品的附加值。例如利用高科技设备进行果蔬加工可以保留更多营养成分，延长产品的保质期，提升产品的品质和竞争力。创新的包装设计也是提升竞争力的关键因素之一，精心设计的包装不仅可以吸引消费者的眼球，还能传达产品的品质和特色，例如某地的蜂蜜企业采用了精美独特的包装设计，包装盒上印有自然风光和勤劳蜜蜂的图案，突出了产品的纯正和天然特性，吸引了更多消费者的关注和购买欲望。包装的便利性也是消费者关注的重点之一，具有创新设计的包装可以使产品更易于携带和储存，提高了消费者的购买欲望和体验，例如一些农产品企业采用了便携式包装，方便消费者随时随地享用，增加了产品的便利性和竞争力。

（三）农产品营销渠道拓展与市场开拓

农产品营销渠道的拓展与市场开拓对于增强竞争力至关重要。除了传统的农贸市场和超市销售外，利用互联网平台开展电商销售成为一种越来越受欢迎的方式。通过电商平台，农产品可以直接触达消费者，打破了地域限制，实现了线上线下的融合。例如一家农业合作社利用电商平台开展线上销售，不仅可以将产品推向全国各地，还能够提供便捷的购买体验，赢得消费者的青睐，取得良好的销售成绩从而有效提升竞争力。参加农产品展销会、农村市集等活动也是拓展营销渠道、开拓市场的重要途径。这些活动提供了与消费者直接互动的机会，让消费者更加深入地了解产品，增强了产品的知名度和信任度。通过参与这些活动，农产品企业可以不断拓展市场，吸引更多的消费者，提升品牌影响力和竞争力。

（四）农产品品牌建设与国际市场拓展

农产品品牌建设和国际市场拓展是提升竞争力的关键途径之一，建立知名品牌可以塑造产品形象，提升信誉，从而吸引更多消费者的关注和认可。通过品牌建设，农产品企业能够区分自己的产品，赋予其独特的价值和特色。例如一些茶叶企业通过打造高品质的产品和独特的品牌形象，成功吸引了国内外消费者的青睐，从而提升了市场竞争力。积极参与国际贸易展会和展销活动也是拓展国际市场的有效途径之一，通过参与展会，农产品企业可以与海外买家进行面对面的接触和交流，了解国际市场需求，拓展销售渠道。例如一家水果企业参加国际食品展会，展示优质的水果产品，与海外客户签订订单，开拓了海外市场，提升了品牌的国际知名度和竞争力。

农产品竞争力的提升是一个多方面的过程，需要从加工与包装、营销渠道拓展、品牌建设及国际市场拓展等多方面着手。通过采用先进的加工技术和设备，改进产品加工过程并设计创新的包装，可以提高产品的品质和附加值，从而增强竞争力。拓展营销渠道，尤其是通过互联网平台进行电商销售及参与各类展销活动，都是增加市场份额、提升品牌影响力的有效途径。积极参与国际贸易展会，开拓海外市场也是拓展农产品竞争力的重要策略之一。综上所述，通过综合运用各种手段，农产品能够在竞争激烈的市场中脱颖而出，实现可持续发展。

第二节 城里产品引进来的渠道拓展

一、城乡产品流通模式现状与问题分析

城乡产品流通是城乡经济联系的重要纽带，对于促进农村经济发展、改善农民生活水平、满足城市居民日益增长的消费需求具有重要意义。然而当前城乡产品流通面临诸多挑战和问题，如物流配送不畅、农产品质量安全难以保证、城乡信息不对称等，制约了流通效率和消费者满意度。因此，有必要深入分析现有城乡产品流通模式的现状与问题，探讨改进措施以促进城乡产品流通的发展和提升。

（一）城乡产品流通模式概述

城乡产品流通模式涵盖了城市和农村之间的产品交换和传递方式。这些模式包括传统的批发市场和农贸市场，它们是农产品流通的重要渠道，不仅为农民提供了销售渠道，也为城市居民提供了丰富多样的选择。超市则是城市消费者购买

农产品的主要场所，提供了便捷的购物环境和大量的品种选择。随着互联网的发展，电商平台成为城乡产品流通的新模式，通过线上销售和物流配送，打破了地域限制，为农产品的销售提供了更广阔的市场。这些流通模式的多样化不仅为消费者提供了更加便捷和多样的购买选择，也促进了城乡间经济的互动和发展。

（二）现有城乡产品流通模式的特点和问题

现有城乡产品流通模式呈现出多样化的特点以满足不同消费者的需求。传统的农贸市场在城乡间起着连接作用，提供了丰富多样的农产品，但存在卫生环境差、管理不规范等问题，影响消费者体验。超市则为城市居民提供了便捷的购物环境和多样化的产品选择，但农村消费者在购买方面不够便利，需要长时间前往城市购买。电商平台通过线上销售和物流配送，为城乡居民提供了更多元的购物渠道，但农村地区的物流配送仍然存在瓶颈，影响了产品的及时到达和品质保障。综上所述，尽管现有城乡产品流通模式具有一定的便利性和多样性，但仍然存在诸多问题需要解决，以提升整体流通效率和消费者满意度。

（三）城乡产品流通中存在的障碍和挑战

城乡产品流通中面临着诸多障碍和挑战，物流配送不畅，尤其是农产品从生产地到消费地的跨区域物流成本较高，配送效率有待提升。农产品质量安全问题一直是消费者关注的焦点，部分农产品存在质量问题，缺乏可追溯性，消费者购买时存在顾虑。另外，城乡信息不对称也是一个挑战，农产品的价格、品质信息在城市和农村之间流通不畅导致市场价格波动较大，影响了消费者的购买决策。这些障碍和挑战制约了城乡产品流通的顺畅性和效率，需要政府、企业和社会各界共同努力，采取有效措施加以解决，促进城乡产品流通的发展和提升。

（四）城乡产品流通模式改进的必要性和意义

城乡产品流通中存在多方面的障碍和挑战物流配送方面的不畅导致农产品从生产地到消费地的跨区域物流成本高昂，配送效率亟须提升，这影响了产品的及时性和经济性。农产品质量安全问题一直备受消费者关注，部分产品存在质量问题，缺乏可追溯性，消费者对购买农产品存在担忧，这阻碍了市场的信任和发展。另外，城乡信息不对称也是一大挑战，农产品的价格、品质信息在城乡之间流通不畅导致市场价格波动较大，消费者的购买决策受到影响。针对这些挑战，政府、企业和社会各界应共同努力，采取有效措施加以解决，例如加强物流配送网络建设，优化农产品的运输方式和成本；严格监管农产品质量安全，建立健全的追溯体系，提高产品质量可信度；加强城乡信息互通，提高农产品价格和品质信息的透明度，促进市场的健康发展。这些举措有助于改善城乡产品流通环境，促进城乡经济的协调发展。

当前城乡产品流通模式呈现出多样化的特点，包括传统的批发市场、农贸市场、超市及电商平台等多种形式。这些模式满足了不同消费者的需求，但也存在诸多问题，如农产品质量安全、物流配送效率低下、城乡信息不对称等。因此需要政府、企业和社会各界共同努力，采取有效措施加以解决，以促进城乡产品流通的顺畅和健康发展，推动城乡经济协调发展、提升农民收入水平。

二、城里产品引进农村的市场需求与潜力探讨

随着城乡经济的融合和发展，城里产品进入农村市场成为当前经济发展的重要趋势之一。在这一背景下，深入探讨农村市场对城里产品的需求情况、城里产品进入农村市场的潜在机遇和优势、农村消费者对城里产品的认知和接受程度以及城里产品在农村市场的发展前景和潜力显得尤为重要，希望这些探讨为促进城乡经济发展、满足农村居民多样化消费需求提供参考与指导。

（一）农村市场对城里产品的需求情况分析

农村市场对城里产品的需求日益增长，主要体现在多样化的消费需求和提升的消费水平上。随着农村经济的发展和农民收入的增加，农村居民对生活品质的要求不断提升，对城里产品的需求逐渐增多，例如农村居民对于新鲜、安全、高品质的食品日益关注，他们希望能够购买到城里的水果、蔬菜、肉类等优质产品。随着互联网的普及，农村消费者对于日用品、家居用品等城里产品的需求也在不断增加。因此，农村市场对城里产品的需求呈现出多样化和个性化的特点，为城里产品进入农村市场提供了广阔的机遇和潜力。

（二）城里产品进入农村市场的潜在机遇和优势

城里产品进入农村市场具有广阔的潜在机遇和优势。随着农村居民消费观念

的更新和收入水平的提升，对于品质、安全、健康的需求不断增加，这为城里优质产品提供了巨大市场需求，例如新鲜水果、优质肉类及精致糕点等城里产品能够满足农村消费者多样化的口味和健康需求，具有很大的市场潜力。随着物流配送网络的不断完善和互联网技术的发展，城里产品能够更加便捷地进入农村市场，缩短了供应链，降低了销售成本，提高了市场竞争力。另外，城里产品的品牌影响力和品质认可度较高，能够吸引农村消费者的注意，促进消费增长。因此，城里产品进入农村市场具有巨大的发展空间和市场潜力，有望成为农村消费市场的重要利润增长点。

（三）农村消费者对城里产品的认知和接受程度

农村消费者对城里产品的认知和接受程度逐渐提升，但存在一定的差距。一些农村消费者对城里产品的品牌、质量、价格等方面有一定的了解，愿意尝试购买，他们通过亲友推荐、电视广告或社交媒体了解城里产品的优势并对其品质抱有信心；然而另一部分农村消费者对城里产品的认知较低，对其品质和价格存在疑虑，更倾向于选择传统农产品或本地小店的商品。这是由信息传播不畅、文化差异、消费观念差异等因素造成的。因此，为提升农村消费者对城里产品的认知和接受程度，需要加强宣传推广和产品教育，例如通过举办产品展示活动、开展宣传营销活动、提供产品样品等方式，让更多农村消费者了解城里产品的优势，增强其信心，从而促进城里产品在农村市场的销售和普及。

（四）城里产品在农村市场的发展前景和潜力评估

城里产品在农村市场具备广阔的发展前景和巨大的潜力。随着农村经济不断发展和消费水平的提升，农村消费市场规模不断扩大，对高品质、多样化产品的需求日益增长。城里产品在品质、品种和品牌等方面具有明显优势，能够满足农村消费者日益多样化的需求，吸引更多消费者选择。随着物流配送网络的完善和互联网技术的发展，城里产品能够更便捷地进入农村市场，提高销售渠道和覆盖范围。城里产品的品牌知名度和品质认可度较高，有助于提升消费者信任度，进一步推动销售增长。综上所述，城里产品在农村市场拥有广阔的发展前景和潜力，有望成为农村消费市场的重要利润增长点，为城乡经济发展注入新的活力。

通过对农村市场对城里产品的需求情况、城里产品进入农村市场的潜在机遇和优势、农村消费者对城里产品的认知和接受程度及城里产品在农村市场的发展前景和潜力进行全面分析可以得出结论，城里产品在农村市场具有巨大的发展潜力。随着城乡经济的融合和农村消费水平的提升，农村市场对城里产品的需求不断增长。城里产品在品质、品种和品牌等方面具有优势，能够满足农村消费者的多样化需求。通过加强宣传推广和产品教育，提升农村消费者对城里产品的认知和接受程度，有助于拓展城里产品在农村市场的市场份额，为促进城乡经济发展做出更大的贡献。

三、城里产品进入农村市场的营销策略与渠道选择

城里产品进入农村市场的营销策略与渠道选择是当前经济发展中的重要课题之一随着城乡经济的融合和农村消费水平的提升，城里产品在农村市场具有巨大的发展潜力，因此制定有效的营销策略并选择合适的营销渠道显得尤为重要。这里围绕城里产品进入农村市场的营销策略概述、产品定位和包装设计、营销渠道选择与布局规划及推广和促销策略等方面展开讨论，旨在探讨如何更好地满足农村消费者的需求，促进城乡经济的协调发展。

（一）城里产品进入农村市场的营销策略概述

城里产品进入农村市场的营销策略需要综合考虑农村市场的特点和消费者需求，以确保产品能够在竞争激烈的市场中脱颖而出。其中重点营销策略包括市场定位、产品差异化、定价策略、渠道选择、推广和促销等方面。通过精准的市场定位，了解农村消费者的需求和偏好，有针对性地开发产品并通过差异化的产品设计和品牌建设来提高竞争力。定价策略应考虑农村消费者的购买力和心理预期，既要保证产品的利润空间，又要与竞争对手形成合理的价格差异。在渠道选择上可以考虑建立与当地农村商店、合作社或农产品市场等合作关系，利用互联网平台拓展销售渠道。通过线下推广活动和线上社交媒体营销等方式，提高产品知名度和美誉度，促进销售增长。例如一家城里水果企业进入农村市场时可以通过市场调研了解当地消费者的口味偏好，开发符合农村消费者口味的特色水果产品。针对农村市场的价格敏感性可以采取差异化定价策略，推出不同价格档次的产品，满足不同层次消费者的需求。在渠道选择上可以与当地的农产品合作社或小型超市合作，产品直接销售给农村消费者。通过举办水果品鉴会、农村市集活动等推

广活动，提高产品曝光度和认知度，吸引更多农村消费者购买。

（二）适应农村市场需求的产品定位和包装设计

在农村市场，产品定位和包装设计至关重要，需要根据农村消费者的需求和偏好进行合理的调整。产品定位应注重实用性和价值性，满足农村消费者日常生活和生产需求，例如针对农村家庭的生活用品可以强调耐用性和性价比，对于农村生产型产品可以突出其功能性和效益。包装设计应简洁明了，便于识别和使用。农村消费者对产品包装的要求一般更加注重实用性和耐用性，因此包装设计应简洁清晰，易于打开和存放并考虑到环境友好因素；还可以根据当地文化和风俗进行包装设计，增加产品的亲和力和吸引力。例如一家食品企业其即食方便面产品定位于农村市场时可以调整产品配方，增加营养价值，满足农村消费者对健康和营养的需求。在包装设计上可以采用简洁明了的包装，突出产品的方便性和耐久性，方便农村消费者携带和存放；可以根据当地的文化风俗，设计一些与农村生活场景相关的图案或元素，增加产品的亲和力，提升消费者对产品的好感度和认可度。

（三）农村市场营销渠道的选择与布局规划

在选择农村市场的营销渠道时，需要充分考虑农村地区的特点和消费者的购买习惯，以确保产品能够有效地触达目标客户群体。一方面可以通过与当地的农产品合作社、小型超市、乡村集市等建立合作关系，直接将产品销售给农村消费者。另一方面也可以利用互联网平台，建立线上销售渠道，通过电商平台或社交媒体等渠道开展线上营销和销售。可以考虑举办产品推广活动或参加农村集市展销活动，增加产品的曝光度和知名度。例如一家家电企业，其空调产品销售拓展至农村市场时可以与当地的家电销售商合作，在农村地区设立专卖店或销售点，直接向农村消费者销售产品并提供售后服务。可以利用互联网平台，通过农村电商平台或社交媒体渠道开展线上销售和推广活动，吸引更多农村消费者关注和购买。另外，可以参加当地的农村集市展销活动，展示产品并进行现场销售，增加产品的曝光度和销售机会。

（四）制定针对农村市场的推广和促销策略

在农村市场，推广和促销方面需要制定有针对性的策略，以提升产品的知名度、吸引消费者并促进销售增长。可以通过举办农村市场的推广活动来提高产品的曝光度。这些活动可以包括产品展示、产品体验、特价促销等形式，吸引农村消费者前来参与，并通过与消费者互动加深他们对产品的认知和好感度。可以利用农村社交媒体平台进行线上推广。通过在当地社交媒体平台上发布产品信息、用户评价、促销活动等内容，与农村消费者进行互动交流，增加产品的曝光度和影响力。可以采取差异化的促销策略，如限时特价、买赠活动、赠品优惠等，吸引消费者购买。还可以通过与当地媒体合作，发布产品广告或宣传报道，提高产品的知名度和美誉度。例如一家农业科技公司推出了一种新型农药产品，针对农村市场制定了推广和促销策略。公司举办了农业技术培训会，邀请农民参与，介绍产品的优势和使用方法并提供产品样品供农民试用。公司利用当地农村社交媒体平台发布产品信息和用户评价，与农民进行互动交流，解答疑问并提供购买指导。公司与当地农业合作社合作，推出限时特价活动，吸引农民购买产品。公司还通过当地电视台和广播电台发布产品广告，提高产品的知名度和美誉度，进一步促进销售增长。通过这些推广和促销策略，公司成功地将新型农药产品推广到了农村市场并取得了良好的销售业绩。

城里产品进入农村市场的营销策略与渠道选择对于产品在农村市场的推广和销售至关重要，通过适应农村市场的需求和消费特点，制定合理的产品定位和包装设计，选择多元化的营销渠道并制定有针对性的推广和促销策略，可以有效提升产品的市场竞争力和知名度。随着城乡经济的不断融合和农村消费水平的提升，城里产品在农村市场的发展前景会更加广阔。因此，加强对农村市场的调研和分析，不断优化营销策略和渠道选择，有助于城里产品在农村市场的持续健康发展，推动城乡经济的协调发展。

第三节　农产品跨境贸易与国际合作

一、农产品跨境贸易政策与机制解读

随着全球化进程的加速推进和经济发展模式的转型，农产品跨境贸易已成为中国农业发展的重要组成部分。为了促进农产品出口、提升农民收入及推动农村经济的发展，中国政府积极采取了一系列支持措施和政策引导，涉及国家政策支持、跨境贸易监管、跨境物流与通关便利化及跨境支付与金融服务等方面，这里对这些政策与机制进行解读与分析，以揭示其对农产品跨境贸易的影响与意义。

（一）国家政策支持与引导措施分析

中国政府在促进农产品跨境贸易方面采取了一系列支持措施，以推动农产品出口、提升农民收入和促进农村经济发展。其中国家积极推动自由贸易试验区和跨境电商综合试验区建设，为农产品跨境贸易提供了更为便利的政策环境。政府还加大对农产品出口企业的税收优惠和财政补贴力度，鼓励企业加大对农产品的采购和出口。政府还加大对农产品出口市场的开拓和推广力度，积极参与国际贸易合作，拓展农产品出口渠道，为农产品跨境贸易提供更广阔的市场空间。例如中国政府于近年来陆续发布了一系列支持农产品出口的政策文件，如《国务院关于促进农业供给侧结构性改革加快农业转型升级的意见》和《国务院办公厅关于促进农产品加工流通发展的指导意见》等。这些政策文件明确了政府支持农产品跨境贸易的政策导向和措施，为农产品出口企业提供了更多的政策支持和保障。

（二）跨境贸易监管政策与法规解读

中国政府制定了一系列跨境贸易监管政策与法规，加大了对农产品跨境贸易的监管力度，保障了贸易的安全和顺利进行。这些政策主要包括进出口产品检验检疫、食品安全监管、关税与税收政策等方面的规定。政府还建立了跨境电商监

第五章　农产品走出去与城里产品引进来

管平台，加强对跨境电商企业的监督和管理，保障了消费者的合法权益和贸易安全。例如中国海关发布了《中华人民共和国海关对跨境电子商务零售进口商品监管办法》，规定了跨境电商零售进口商品的报关和监管要求，明确了海关对跨境电商零售进口商品的监管责任和义务。这些政策措施为农产品跨境贸易提供了更为清晰和明确的监管规范，有利于促进贸易的健康发展。

（三）跨境物流与通关便利化政策分析

跨境物流与通关便利化是促进农产品跨境贸易的重要保障和支撑，中国政府出台了一系列政策措施以优化跨境物流环境和提高通关效率从而降低贸易成本，促进贸易便利化。其中政府加强了对跨境物流基础设施建设的投入和支持，提升了物流运输能力和效率。政府还积极推动跨境通关一体化改革，简化通关手续和流程，缩短通关时间，降低通关成本。政府还加强了对跨境物流企业的监管和督理，规范了市场秩序，保障了贸易的安全和顺利进行。例如中国政府于2018年发布了《推进贸易便利化三年行动计划》，明确提出了一系列促进跨境物流与通关便利化的具体措施，如优化通关流程、提升通关效率、推动物流信息化建设等。通过这些政策措施的实施，中国跨境物流与通关环境得到了显著改善，为农产品跨境贸易提供了更为便利和高效的物流保障。

（四）跨境支付与金融服务政策解析

跨境支付与金融服务是促进农产品跨境贸易的重要保障和支撑，中国政府通过出台一系列政策措施，积极推动跨境支付与金融服务的创新和发展，为农产品跨境贸易提供了更为便利和安全的支付和结算服务。其中政府加强了对跨境支付机构和服务的监督和管理，规范了跨境支付市场秩序，保障了交易的安全和合法进行。政府还积极推动跨境金融服务的创新和发展，提升了金融服务的覆盖面和效率，为农产品跨境贸易提供了更为便利和多样化的金融支持。例如中国人民银行发布了《关于促进跨境支付业务健康发展的通知》，明确了对跨境支付机构和服务的监管要求和标准，规范了跨境支付业务的开展和管理。中国银行业监督管理委员会也出台了一系列政策文件，支持银行加强跨境金融服务创新，拓展农产品跨境贸易的融资渠道，为贸易提供更为便利和多样化的金融支持。

中国政府在促进农产品跨境贸易方面采取了多方面的政策举措，从国家政策支持到跨境贸易监管再到跨境物流，在通关便利化及跨境支付与金融服务等方面均有着系统性的安排和规划。这些政策与机制的实施，为农产品跨境贸易提供了更加便利、高效和安全的环境和保障，有力促进了农村经济的发展，提升了农民收入水平，也为农产品在国际市场上的竞争力提升提供了重要支持。随着政策的不断完善和实施的深入推进，相信中国农产品跨境贸易迎来更加广阔的发展空间，为农村经济的蓬勃发展注入新的活力。

二、农产品跨境电商发展现状与趋势分析

农产品跨境电商作为一种新兴的贸易形式，正在迅速崛起并吸引着越来越多的关注。在跨境电商平台，支持下的农产品的国际贸易正在以前所未有的速度和规模展开。这里主要对农产品跨境电商的发展现状与趋势进行深入分析，探讨其所面临的挑战及相应的应对策略，以期为该领域的健康发展提供有益参考。

（一）跨境电商平台及模式概述

跨境电商平台是指在国际进行商品交易的电子商务平台，为消费者和商家提供在线购物和销售服务。在农产品跨境电商领域，主要的平台包括阿里巴巴的"1688 国际站"、亚马逊、京东全球购等。这些平台为农产品的跨境贸易提供了便捷的渠道，也推动了中国农产品走向国际市场的步伐。跨境电商的模式主要包括 B2C（企业对消费者）、B2B（企业对企业）、C2C（消费者对消费者）等，其中 B2C 模式在农产品跨境电商中占据主导地位，通过电商平台直接向消费者销售农产品。以阿里巴巴的"1688 国际站"为例，该平台为全球各地的中小企业提供了一个在线展示和销售产品的平台，包括许多农产品在内。通过该平台，中国的农产品生产企业可以直接与国际买家进行交易，打开了更广阔的国际市场。

（二）农产品跨境电商发展现状分析

农产品跨境电商在近年来迅速崛起，主要得益于互联网技术的飞速发展和消费者对健康、高品质农产品不断增长的需求。大型电商平台纷纷加大对农产品跨境电商的投入和支持，从技术、市场推广到供应链优化，不断推动这一领域的发展。政府在政策层面也积极扶持，通过降低贸易壁垒、简化进出口手续等方式，为农产品跨境电商提供了更加宽松的环境，然而农产品跨境电商仍面临一系列挑

战，如产品质量安全难以保障、跨境物流配送不畅、市场准入门槛较高等。这些问题需要政府、企业和相关机构共同合作，采取措施加以解决，进一步促进农产品跨境电商的健康发展。

（三）农产品跨境电商的市场前景与趋势预测

农产品跨境电商市场展现出广阔的前景，消费者对健康、高品质农产品的需求持续上升，国际贸易的便利化程度也在不断提高，这为农产品跨境电商市场创造了更大的发展空间。未来，这一市场继续朝着多样化、精细化的方向发展。企业更加注重产品的品质和品牌建设，通过技术创新和供应链优化，打造具有竞争力的跨境电商平台。随着消费者需求的变化和市场竞争的加剧，个性化定制、智能化服务等成为未来的趋势。总的来说，农产品跨境电商市场前景广阔，持续满足消费者不断增长的需求，成为全球贸易的重要组成部分。

（四）农产品跨境电商面临的挑战与应对策略

农产品跨境电商在发展中面临着一系列挑战，包括产品质量监管不足、国际物流配送难题及市场准入壁垒等。为了有效解决这些挑战，政府、企业和社会各界应共同努力。政府应加大对农产品跨境电商的政策支持和监管力度，建立健全的质量监管体系和物流配送网络，确保产品质量和安全。企业应加强产品质量管理和品牌建设，通过技术创新和供应链优化提高产品竞争力，树立良好的品牌形象。社会各界也应加强宣传和推广工作，提高消费者对农产品跨境电商的认知和信任度，促进消费者对这一形式的信赖和接受。通过政府、企业和社会各方的共同努力，可以有效解决农产品跨境电商面临的挑战，推动其健康发展，为农产品跨境贸易提供更加稳定和可持续的发展环境。

农产品跨境电商作为一种新兴的贸易模式，在全球范围内展现出了巨大的发展潜力。目前随着大型电商平台的加大投入和政府政策的积极扶持，农产品跨境电商市场呈现出蓬勃发展的态势，然而仍然存在着产品质量监管不足、物流配送难题等一系列挑战。要实现农产品跨境电商的健康发展，需要政府、企业和社会各界共同努力，加大政策支持和监管力度，提高产品质量和安全水平，推动行业不断创新和进步。相信在各方的共同努力下，农产品跨境电商将迎来更加广阔的发展前景，为推动农产品贸易全球化做出更大的贡献。

三、农产品国际市场拓展的合作模式与策略选择

在当今全球化的经济环境下，农产品国际市场拓展对于农村经济发展至关重要。为了有效开拓国际市场，农产品生产企业需要选择合适的合作模式和制定有效的策略。这里主要探讨跨境合作与合资合作模式的比较、农产品出口贸易合作渠道分析，以及农产品国际市场定位与品牌建设策略和跨境营销与宣传推广策略选择，为农产品国际市场拓展提供指导和参考。

（一）跨境合作与合资合作模式比较

跨境合作和合资合作是两种常见的拓展农产品国际市场的合作模式。跨境合作指的是农产品生产企业与国外的合作伙伴达成合作协议，在国际市场上共同开展业务，共享资源和市场。这种模式通常适用于中小型农产品生产企业，能够通过与国外企业的合作，利用其在目标市场的资源和渠道，快速进入国际市场。相比合资合作模式则是指农产品生产企业与国外企业建立合资公司，共同投资并共同经营农产品出口业务。这种模式更适用于规模较大的企业，通过建立合资公司可以更深入地参与目标市场，掌握更多控制权和利润份额。例如一家中国的茶叶生产企业希望其产品拓展到欧美市场，如果选择跨境合作模式，该企业可以与当地的茶叶经销商或零售商合作，共同开展市场推广和销售；而如果选择合资合作模式，该企业可以与当地的茶叶生产企业建立合资公司，在当地生产基地生产茶叶并通过该公司直接向当地市场销售。

（二）农产品出口贸易合作渠道分析

农产品出口贸易的合作渠道多样，包括与国外贸易公司、进口商、批发商及零售商等建立合作关系。与贸易公司合作可以通过它们的全球网络产品引入国际市场，进口商则可直接向农产品生产企业采购产品进行进口销售。批发商通常与零售商合作，产品销售给终端消费者，而零售商则直接面向消费者销售产品。选择合作渠道时，企业应根据目标市场特点、产品属性和自身实力进行综合考量，以确保选择的渠道能够最大限度地满足市场需求，并实现合作双方的利益最大化。例如一家中国的水果种植企业希望将其产品拓展到东南亚市场，该企业可以与当地的进口商或批发商建立合作关系，通过分销网络将产品引入当地市场。另外，

该企业也可以直接与东南亚的超市或零售商合作，将产品供应给零售商，让其直接面向消费者销售。通过这些合作渠道，该企业可以更有效地进入东南亚市场，并满足当地消费者对中国水果的需求。

（三）农产品国际市场定位与品牌建设策略

农产品在国际市场的定位和品牌建设至关重要。定位方面，企业应根据产品的特点、优势和目标市场需求，确定清晰的定位策略，例如高端、中端还是低端市场定位。品牌建设方面则需要注重产品质量、服务品质及品牌形象的塑造。通过品牌推广活动、产品包装设计、口碑营销等手段，提升产品的知名度和美誉度，使消费者在海外市场能够认可和信任企业的品牌，从而提高产品的市场竞争力。例如一家墨西哥的咖啡种植企业希望其咖啡产品定位为高端市场，该企业可以通过与高端咖啡连锁店或奢侈品百货公司合作，其咖啡产品引入高端市场。在品牌建设方面，该企业可以注重咖啡产品的精选和加工工艺，设计独特的包装，并通过高端咖啡展会、品鉴活动等方式提升品牌知名度和美誉度，吸引更多高端消费者的关注和购买。

（四）跨境营销与宣传推广策略选择

跨境营销和宣传推广是拓展农产品国际市场的重要策略，企业可以通过建立跨境电商平台、参加国际展会、举办产品推广活动等方式开展跨境营销，以吸引更多的海外客户。通过网络营销、社交媒体推广、品牌大使合作等手段进行宣传推广，提升产品的知名度和美誉度，吸引更多消费者关注和购买。例如一家法国的葡萄酒生产企业希望，其产品拓展到中国市场，该企业可以通过在中国的跨境电商平台上开设官方旗舰店，展示和销售其产品。可以参加中国举办的葡萄酒展会，与中国的进口商和批发商进行商谈合作。在宣传推广方面，该企业可以通过中国的社交媒体平台，与中国著名的美食博主或 KOL 合作进行产品推广，提升产品在中国市场的知名度和美誉度。

农产品国际市场的拓展离不开合作与策略的选择，跨境合作和合资合作是两种常见的合作模式，企业可根据自身实际情况选择合适的模式。在选择合作渠道时，需要考虑目标市场特点和自身实力以确保合作能够最大限度地满足市场需求。定位和品牌建设也是至关重要的，企业应根据产品特点和目标市场需求制定清晰的定位策略，并通过品牌推广活动提升产品知名度和美誉度。跨境营销和宣传推广也是拓展国际市场的重要策略，企业可以通过多种方式开展营销活动，吸引更多海外客户的关注和购买。通过合适的合作模式和有效的策略选择，农产品生产企业可以更好地拓展国际市场，实现经济效益和社会效益的双赢。

第四节　城乡产品对接与产业协同发展

一、城乡产品对接的政策支持与实践路径

城乡产品对接是推动城乡经济协调发展的重要举措，政府在其中起到了关键的支持和推动作用。政府通过税收优惠政策、建立对接平台、推动示范项目和激发农民积极性等多方面措施，为城乡产品对接提供了政策支持与实践路径。

（一）政府政策支持措施

政府在促进城乡产品对接方面采取了一系列政策支持措施以推动城乡经济的协调发展。税收优惠政策是其中的一项重要举措。政府可以减免企业所得税、增值税等税种，为农民投资城市消费品生产降低负担，从而降低其生产成本。这种税收优惠政策可以鼓励农民更多地投入城市消费品生产，提高农产品在城市市场的竞争力。政府还可以通过补贴政策来支持农产品和农村生产企业，例如政府可以给予直接补贴，奖励农民和农村生产者在城市消费品生产方面的努力和贡献。这种补贴政策可以减轻农民的经营压力，提供经济上的保障，鼓励他们积极参与城乡产品对接。政府还可以提供培训、技术支持等形式的补贴，帮助农民提升生产技能和管理水平，提高农产品质量和市场竞争力。这些政府政策支持措施的实施，为农民参与城乡产品对接提供了稳定的经济环境和积极的激励机制，农民可以更加安心地投资和生产城市消费品，在享受税收优惠和补贴的同时提升其产品的市场竞争力。政府的政策支持为农民创造了良好的发展条件，有效激发了积极性和创造性，推动了城乡产品对接的顺利发展。

（二）建立城乡产品对接平台

建立城乡产品对接平台是推动城乡经济协调发展的重要手段，该平台可以提供一个集中的信息发布、交易和物流服务的综合场所，方便城乡产品的流通与交易。城乡产品对接平台可以建立统一的信息发布系统，供农民和农产品生产企业发布产品信息。农民可以在平台上展示农产品种类、质量、产地等详细信息，而城市商家则可以浏览和选择适合的产品。这样可以打破信息壁垒，让农产品的信息得到更广泛的传播和推广。平台可以提供在线交易功能，方便农民和城市商家之间的交易。农产品可以通过平台进行线上交易，减少中间环节，提高交易的效率。平台可以提供安全的支付系统和交易保障机制，确保交易的安全和可靠性。城乡产品对接平台还可以整合物流资源，提供物流配送服务。该平台可以与物流公司合作，为农产品的运输提供专业的配送服务。这样可以解决农产品物流的难题，使产品能够被快速、安全地送达城市消费市场。

（三）城乡产品对接示范项目

示范项目在城乡产品对接中具有重要意义，为其他地区提供了借鉴和学习的机会，促进了城乡之间的合作和良性循环。以一个城乡产品对接示范项目通过组织农民合作社与城市超市合作，直接供应城市消费者。在这个示范项目中，政府可以提供相关的政策支持和补贴以扶持农民合作社的发展。政府可以制定优惠政策，鼓励超市与农民合作社建立长期合作关系，确保农产品能够直接进入城市市场。政府还可以提供财政支持和技术指导，帮助农民合作社提高产品质量和市场竞争力。通过这样的示范项目，农产品可以更快、更直接地流向城市市场，提供给消费者新鲜、优质的农产品。在示范项目的实施中还可以引入先进的物流和配送模式，提高城乡产品的运输效率和品质，例如可以建立起高效的冷链物流系统，确保农产品在运输过程中的新鲜度和质量。可以探索建设城乡产品的仓储和分拣中心，提高物流的集中度和效率。这样可以缩短城乡之间的距离和时间，提供更便捷的物流环境，进一步推动城乡产品对接的发展。

（四）激发农民积极性的措施

为了激发农民在城乡产品对接中的积极性，政府可以采取多种措施。政府可以积极推广农民合作社等组织形式，鼓励农民进行集体经营和合作生产。通过成立农民合作社，农民可以共同出资、分享资源和风险，提高生产效率和规模经济。政府可以提供财政支持、土地流转等政策措施，为农民合作社的发展创造良好的环境，激发农民参与城乡产品对接的积极性。政府可以加强宣传和培训，提高农民的意识和能力。通过组织培训班、开展讲座等形式，向农民传授市场需求、产品质量等方面的知识，帮助他们更好地了解和适应市场。政府可以与专业机构合作，提供农产品营销、品牌建设等方面的培训，提高农民的经营管理水平，增强他们参与城乡产品对接的信心和能力。政府可以鼓励农民参与农产品加工和品牌建设，提高产品的附加值。政府可以为农民提供贷款支持、技术指导等方面的帮助，推动农产品从传统的原材料提供者转变为加工和品牌经营者。通过加工和品牌建设，农产品的附加值得以提升，农民的收入和市场竞争力也得到提高，从而激发了他们在城乡产品对接中的积极性。

政府在税收优惠方面减免企业所得税、增值税等税种，降低农民生产城市消费品的成本，提高农产品在城市市场的竞争力。政府通过建立城乡产品对接平台，提供一个信息发布、交易和物流服务综合平台，促进城乡产品的流通与交易。政府推动城乡产品对接示范项目，通过农民合作社与超市合作等方式，直接供应城市消费者，激发了农民的积极性与创造性。政府采取各种措施鼓励农民参与农产品加工和品牌建设，提高农产品的附加值，增加农民的收入和市场竞争力。这些措施有效推动了城乡产品对接的发展，促进了城乡经济的协调发展。

二、城乡产品产业链的融合与优化

城乡产品产业链的融合与优化是实现城乡经济协同发展的关键。在城乡产品产业链的融合与优化过程中，产业链对接与协同发展、农产品加工与价值提升、物流与供应链管理、城乡产品质量与标准化建设等起着重要作用。通过加强这些方面的工作，可以实现城乡经济资源的优化配置，提升产业链的综合竞争力，进一步推动城乡经济的融合发展。

（一）产业链对接与协同发展

城乡产品产业链的融合与优化是实现城乡经济协同发展的关键，在产业链对接与协同发展方面，城市企业与农村农民合作社的合作是至关重要的一环。城市企业可以与农村农民合作社建立长期稳定的合作关系，通过技术支持和市场渠道的共享，共同参与农产品的生产与加工。例如一家城市果汁加工厂可以与附近的果农合作，提供技术指导和购买果实，确保果品的质量和供应稳定性。这种合作模式不仅可以提高农产品的生产效率，减少浪费，还能够保证农民的收入稳定。通过加强城乡产业链的协同发展，可以实现资源优化配置，提升整个产业链的综合竞争力，推动城乡经济的融合发展。

（二）农产品加工与价值提升

农产品加工对城乡产品产业链的发展，至关重要，通过加工农产品可将其转变为更具附加值和市场竞争力的深加工产品，从而提高农产品的经济价值和市场占有率。一方面，农产品加工可以增加产品的附加值，通过对农产品进行初加工或深加工可以提取出其中的有用成分、研发新产品，如果汁、果蔬干、方便食品、营养保健品等。这样不仅创造了更多的经济价值，还满足了现代消费者对便捷、高品质、多样化产品的需求。农产品加工还可以创造更多就业机会，促进农村就业结构的优化和农民收入的增加。另一方面，通过农产品加工可以改善产品的外观、口感和包装，提升产品形象和市场竞争力。农产品经过加工后可以提供更好的质量保证和标准化生产，增加产品的稳定性和长久性。通过改善包装设计和品牌建设，农产品能够更好地适应市场需求，提升产品知名度和消费者认可度。农产品加工还有利于产品销售和市场拓展，加工后的产品能够延长保鲜期，方便存储和物流配送，扩大产品的销售范围。加工后的产品还可以进一步深入市场的细分领域，针对不同消费需求推出多样化产品，从而满足不同层次消费者的需求，扩大市场份额。

（三）物流与供应链管理

物流与供应链管理在城乡产品产业链优化中扮演关键角色，它们的高效运作可以确保农产品从生产地到市场之间的快速、安全运输。建立专业的物流网络和供应链体系是十分重要的，其中包括冷链物流系统的建设，能够保证农产品在运输过程中的新鲜度和品质。通过引入信息技术和物流管理系统可以提高物流运营效率，降低成本及降低产品损耗。物流与供应链管理的优化还可以通过整合生产、加工和销售等环节来实现资源的优化配置和协同作业，提高供应链的响应速度和灵活性。通过优化供应链，各个环节之间的合作更加紧密，信息传递更加高效，从而降低订单处理时间，减少库存储备，优化库存管理。这使得城乡产品的供应更加稳定可靠，提高了消费者对产品的满意度。物流与供应链管理的优化还可以提升城乡产品产业链的协同效应和整体竞争力，通过优化物流环节，减少农产品在运输过程中的损耗和质量变化，提高产品的市场品质。供应链的优化还可以使企业更好地掌握市场需求，实现个性化定制，加强产品创新和市场创新，提高产品竞争力。

（四）城乡产品质量与标准化建设

城乡产品质量与标准化建设是城乡产品产业链融合与优化的重要环节，通过建立统一的质量标准体系可以提升城乡产品的质量和安全水平，增强消费者对产品的信心和认可度。建立相关的生产标准和质检要求对城乡产品的生产环节进行规范和监管，制定明确的生产标准可以确保产品的生产过程符合规范要求，从而保障产品质量和安全。质检要求的建立可加强对城乡产品质量的检测，确保产品出厂前的质量合格，从源头上提高产品的质量水平。建立质量认证体系和标识，为城乡产品加上"绿色食品""有机产品"等标签，提升产品的市场竞争力和附加值。质量认证机构可以对符合一定质量标准的产品进行认证和标识，使消费者能够更明确地辨认优质产品。这不仅有助于消费者做出明智的购买决策，也为城乡产品提供了更好的市场营销机会。城乡产品质量与标准化建设还需要加强技术支持和培训，通过提升农民和企业的生产技能和质量意识进一步提高产品的质量水平。农民可以接受农业技术培训，学习正确的种植和养殖技术，提高农产品产量和质量。企业可以加强员工的培训，提高生产加工环节的技术水平和质量控制能力。

城乡产品产业链的融合与优化需要通过产业链对接与协同发展，促进城市企业与农村农民合作社的合作；通过农产品加工与价值提升，提高农产品的附加值和市场竞争力；通过物流与供应链管理，确保农产品在运输过程中的快速、安全运输；通过城乡产品质量与标准化建设，提升产品的质量和安全水平。通过加强这些方面的工作，可以实现城乡经济的协同发展，推动城乡产品产业链的优化，促进城乡经济的融合发展，提高农民收入，增加农产品的附加值并满足消费者的需求。

三、城乡产品产业协同发展的创新模式

城乡产品产业协同发展是促进城乡经济一体化的重要举措，而创新模式的应用则能够为这一发展目标提供新的动力。在这方面，农产品电商与农村电商的发展为城乡产品的流通提供了新渠道，农旅融合与乡村旅游的推进丰富了乡村产业的发展，农产品品牌营销与推广提升了农产品的市场竞争力，而农业科技与智慧农业的应用则提高了农产品的生产效率和质量。这里对这些创新模式进行总结分析。

（一）农产品电商与农村电商发展

农产品电商和农村电商的发展为城乡产品产业协同发展提供了新的机遇和方式。随着互联网的普及和电子商务平台的发展，农产品电商成为农民直接与消费者进行交流和销售的重要渠道。过去，农产品往往需要经过多个中间环节才能到达消费者手中，导致农产品流通效率低下和利润空间有限，而农产品电商平台的出现打破了传统供应链的限制，农民可以直接将自己的农产品上架并销售给城市消费者，消费者可以足不出户选择并购买新鲜的农产品。这不仅缩短了农产品流通的时间，减少了中间环节的损耗，还能够提高农产品销售的效益。农产品电商的兴起还给农民带来了更好的价格回报，通过农产品电商平台，农民能够直接与消费者进行交流，了解市场需求并根据需求进行生产和销售。这种直接的销售模式消除了中间商的差价，使农民能够获得更为合理的价格回报。农产品电商平台还为农民提供了更广泛的市场覆盖和推广渠道，使得农民的农产品能够更好地进入城市市场，扩大销售范围，提高销售额。农村电商的发展也非常重要，农村电商服务中心的建立为农产品的上架、订单处理、物流配送等提供了支持，解决了农产品电商发展中的物流和配送问题。农村电商服务中心还提供培训和技术支持，帮助农民提升自身的经营能力和电商运营技巧。这种服务中心的建立不仅能够促进农产品的销售和流通，还能够为农民提供更全面的支持，帮助其在电商平台上实现更好的业务发展和收入增长。

（二）农旅融合与乡村旅游发展

农旅融合和乡村旅游的发展为城乡产品产业协同发展提供了新的机遇和发展

方向。农旅融合是农业和旅游业相结合,通过发展乡村旅游,促进农业产业的发展,给游客带来独特的农村体验。一方面,农旅融合通过农田、农庄等农业资源转化为旅游景点,打造出具有农村特色的旅游景区。游客可以亲身参与农业生产活动,如采摘水果、种植蔬菜等,感受农耕文化,了解农产品的生产过程,增加对农产品的认知度和信任度。这种亲身体验的农业观光旅游吸引了越来越多的游客,带动了农村经济的发展。另一方面,农旅融合也为农民提供了销售农产品的渠道和机会。在乡村旅游中,农民可以将自己的农产品作为旅游纪念品或特色美食进行销售。游客可以购买到新鲜的农产品,还可以品尝到独特的农家菜肴。这种销售模式不仅增加了农产品的附加值,还给农民带来了额外的收入,提高了农产品的市场竞争力。农旅融合与乡村旅游的发展还带来了其他方面的好处,它为农村地区提供了新的经济增长点,促进了农村经济的多元发展。它为城市人民提供了一种接触自然、享受宁静的方式,缓解了城市生活的压力。农旅融合还能促进农村文化的传承和发展,保护和弘扬传统的农耕文化,增加了农村的文化吸引力。

(三) 农产品品牌营销与推广

农产品品牌营销与推广是城乡产品产业协同发展中的重要组成部分,通过建立农产品品牌可以为农产品赋予独特的形象和价值,提高产品的市场竞争力,进而推动农村经济的发展。建立农产品品牌可以为产品增加附加值,品牌代表了产品的品质和信誉,消费者更倾向于选择有名气和信任度较高的品牌。通过建立农产品品牌可以传递产品的品质保证和产地溯源信息,提升消费者对产品的认可度和信任感,从而使产品的销售价格得到提升。农产品品牌可以帮助产品与消费者建立情感和认知的连接,通过品牌塑造,农产品可以形成独特的形象和故事,从而使消费者产生情感共鸣并建立起对品牌的好感和喜爱。例如通过强调产品的环保、健康、绿色等特点并与当地文化和传统联系起来,可以为农产品赋予更深层次的文化内涵,吸引更多消费者的关注和选择。农产品品牌的推广是扩大市场份额和提升知名度的重要手段,通过线上线下的多渠道推广,包括电商平台、社交媒体、农产品展销会等,可以将产品信息传递给更广泛的消费群体,加大产品的曝光度和销售机会。可以利用品牌营销活动和宣传材料,如广告、宣传片、文章等,增强品牌形象的传播力度,提升品牌的知名度和美誉度。农产品品牌的成功离不开持续的品质保证和创新,品牌建立的核心在于产品的真实品质和不断的创新发展，只有不断提升产品的质量和口碑，满足消费者的需求，才能巩固品牌的地位，保持长期的竞争优势。

（四）农业科技与智慧农业应用

农业科技与智慧农业应用在促进城乡产品产业协同发展方面具有重要作用，引入先进的农业科技和智慧农业技术可以帮助农民提高生产效率、保障农产品质量并实现资源的优化利用。一方面，农业科技可以应用于农产品的种植、养殖等环节，实现精准化管理和高效运作，例如利用先进的传感器技术和自动化设备可以精确监测土壤水分、气象条件和作物生长状态，从而科学调控灌溉、施肥和病虫害防治，提高作物产量和质量，减少资源浪费和减小环境压力。机器人技术的应用可以代替人工劳动，提高生产效率和劳动力利用率。另一方面，智慧农业技术的应用可以通过物联网、大数据分析和人工智能的手段实现农产品追溯和质量监管，为消费者提供更加可靠和安全的产品。通过对农产品种植、饲养、加工和运输等环节的全程监控和数据追溯，可以确保产品的溯源可查、质量可控。消费者可以通过扫描产品上的二维码或查询相关信息获得产品的生产、加工、质量检测等详细信息，增加对产品的信任和购买意愿。农业科技和智慧农业的应用可以提升农产品的竞争力，促进城乡产品产业链的融合与优化。通过提高农产品的生产效率和质量，农民的收入水平得到提升，农业现代化进程得以推进。智慧农业技术的应用还能够促进农产品流通和营销网络的建设，打破传统农产品销售的局限，实现农产品的深加工和价值提升。

城乡产品产业协同发展的创新模式为农产品的流通、乡村产业的发展及农业生产的提升提供了新的可能性。农产品电商和农村电商的发展为农民和消费者之间的直接交流和销售搭建了桥梁，打破了传统供应链的限制，促进了农产品的流通和农民收入的增加。农旅融合和乡村旅游的发展，农业和旅游业相结合，通过农业观光旅游提升了农产品的附加值，促进了农村经济的发展，也丰富了乡村旅游的内容和体验。农产品品牌营销与推广，通过建立农产品品牌，提升了产品的市场竞争力，加强了与消费者的情感和认知连接，扩大了市场份额。农业科技与智慧农业的应用提高了农产品的生产效率和质量，实现了精准化管理和资源优化利用，通过智能化技术为产品的追溯和质量监管提供了可靠的手段。这些创新模式的应用为城乡产品产业的协同发展注入了新的活力和机遇，促进了农产品的增值与创新，推动了农村经济的蓬勃发展，实现了城乡间经济的良性互动与共赢。

第六章　政策优化与路径支持

第一节　政策落实与执行力度

一、加大政策宣传力度

加大政策宣传力度是为了更好地传递政策信息，让广大群众理解并参与政策实施。在这方面，加强政策宣传渠道建设、制订详尽的政策宣传计划、创新宣传方式及做好政策宣传的及时性和针对性是关键的措施，以下是针对这些措施的具体内容和举例。

（一）加强政策宣传渠道建设

为提升政策宣传的效果，需要建设多样化和覆盖面广的宣传渠道。政府可以通过建设官方网站、移动应用程序和社交媒体平台来传播政策信息，使信息能够及时传递给广大群众。可以利用电视、广播、报纸等传统媒体进行政策宣传，尤其是针对不同年龄、教育程度和地理位置的人群，选择适合的媒体渠道。还可以借助农村合作社、农民专业合作社等组织，政策宣传与农民群体相结合，增加宣传的投入度和广度。例如在政策宣传渠道建设方面，某地政府与当地电视台合作，定期推出一档农业政策解读节目，深入解读和解答农业相关政策的疑点和难点问题，通过电视媒体向农民群众传递政策信息。政府还在各县乡村设立政务服务中心，提供政策咨询和解读，方便农民及时了解政策内容。这种多样化的宣传方式能够让政策信息以多角度、多渠道的方式传达给农民，提高政策的知晓率和理解度。

（二）制订详尽的政策宣传计划

政策宣传计划的制订是有效宣传政策的关键，政府部门应该根据政策的重要性和执行紧迫性，制订详细的宣传计划，明确宣传的目标、内容、渠道和时间节点。计划要充分考虑农民和市场的需求，确保宣传内容对目标群体有针对性和吸引力。政府还可以与专业媒体、学术机构和农民组织合作，共同制定宣传策略，强化宣传效果和影响力。以某地推广精准扶贫政策为例，政府制订了一套详细的政策宣传计划，计划包括利用广播、电视、报纸、社交媒体等多种媒体方式，全方位传达精准扶贫政策的内涵和实施措施。计划还规定了每个渠道的宣传时间和频率，保证政策信息的连续性和一致性。针对贫困地区的特殊情况，政府与当地合作社、村委会等组织合作，通过宣传车、宣传员等形式，深入基层，向贫困群众宣传政策并解答疑问。这样的宣传计划能够全方位、多角度地传递政策信息，提高政策的知晓度和理解度。

（三）创新宣传方式，提高政策传达效果

政府在宣传政策时需要创新宣传方式，提高政策的传达效果。可以运用现代化的多媒体技术，制作政策宣传片或微电影，使政策信息更生动、形象能在短时间内吸引受众的注意力。政府还可以组织专题讲座、座谈会等形式的活动，邀请专家学者介绍政策背景和意义并与农民面对面交流。利用互联网技术，开展在线培训和互动问答，更加便捷地向农民提供政策咨询和解答。在某地，政府利用手机 app 开展政策宣传，通过 app，农民可以随时随地获取最新的政策信息、政策解读和政策申请的流程指南。政府还通过 app 组织在线培训课程，邀请专家解答农民的问题。这种创新的宣传方式通过移动互联网平台，让农民可以方便了解政策内容，提高了政策信息的覆盖范围和传播效果。

（四）确保政策宣传的及时性和针对性

政策宣传要具有及时性和针对性，及时，政策的重大变化和调整传达给农民，并根据不同地区、行业和群体的特点，选择相应的宣传方式和内容。政府部门要加强信息收集和分析，及时整理和发布政策文件，确保农民能够第一时间知晓政策变动，还需要根据不同地区的发展需求进行差异化的政策宣传，确保宣传内容的针对性和有效性。在某地，政府设立了农业政策微信公众号，通过公众号实时发布政策文件和政策解读，每天定时向农民推送与其所在地区和农业业态相关的政策信息。通过微信公众号，农民可以随时查看最新的政策动态，及时了解

政策变化。政府还根据不同地区的特点，推送与当地农业发展密切相关的政策内容，提高政策宣传的针对性和有效性。这样的宣传方式能够有效解决政策信息传达的时效性和针对性问题，提高了农民对政策的知晓度和满意度。

为了加大政策宣传力度，需要多方面的努力，加强政策宣传渠道建设，利用多样化的媒体平台传播政策信息，如电视、广播、报纸、社交媒体等，渠道并与农民组织相结合。制订详尽的宣传计划确保宣传目标明确、内容有针对性并与专业机构合作制定策略。创新宣传方式，利用多媒体技术制作生动的宣传片或通过互联网平台开展在线培训和问答，增加吸引力和便捷性。确保政策宣传的及时性和针对性，及时将政策变动传达给农民，针对不同地区和群体进行差异化的宣传。这些措施能够提高政策信息的传达效果，提升农民和市场对政策的知晓度和理解度，推动城乡产业协同发展。

二、强化部门间协作与沟通

在现代政府的工作中，强化部门间协作与沟通是确保政策顺利实施和工作高效推进的关键，为此政府可以采取几项重要的措施来加强部门间的协作与沟通。这里重点介绍建立跨部门协作机制、加强信息共享和数据交流、定期召开部门间协调会议以及加强协作机制的监督和评估。

（一）建立跨部门协作机制

为了强化部门间协作与沟通，建立跨部门协作机制是非常必要的。政府可以设立相应的协作机构或委员会，由相关部门的代表组成，定期召开会议，协商和解决政策实施中的各项问题。通过这样的机制，不同部门可以汇集专业知识、资源和经验，形成合力推进政策的落地。例如在某国家的农业发展过程中，政府成立了农业发展委员会，由农业、环境保护、财政、经济等相关部门的代表组成，定期召开会议，讨论农业政策的制定和执行情况，解决政策实施过程中的协调问题。通过这种跨部门的协作机制，政府能够更好地整合资源，加强政策实施的合力，提高政府工作的效率和效果。

（二）加强信息共享和数据交流

为了加强部门间的协作与沟通，政府应着重加强信息共享和数据交流。建立高效的信息共享平台是必不可少的一步，这样可以确保各个部门能够及时获取政策、项目和市场的相关信息。通过统一平台提供的上传和下载功能，部门间可以轻松共享各自的文件和报告，促进信息的高效传递和共享。例如某地的政府部门建立了政务信息共享平台，各部门可以在平台上发布最新的政策文件、经济指标和市场调研报告，其他部门可及时浏览和下载，从而了解和把握政策动态和市场变化。政府还应加强数据交流，确保数据在各部门之间的共享和互通。通过建立统一的数据交流平台，各部门可以将相关数据上传至平台，供其他部门使用和分析。这样可以避免数据孤岛现象，促进数据的整合和利用。例如在某国的政府系统中，建立了统一的数据交换标准和安全协议，各部门按照规定将相关数据上传到政府数据共享平台，其他部门可以根据需求访问和获取这些数据，从而为政策决策和实施提供更科学、更准确的依据。

（三）定期召开部门间协调会议

定期召开部门间协调会议是确保政府各部门间协作顺畅的重要措施，这样的会议可以提供一个平台，让各个部门的代表进行面对面的交流与讨论，以解决问题、协调决策并制订下一步的工作计划。通过协调会议，政府可以加强不同部门之间的理解和合作关系，推动政策的协同实施。例如某地政府每季度组织一次部门间协调会议，邀请相关部门负责人参加，讨论当前政策实施的进展、问题和需求，并就战略目标和工作重点进行集体确定和调整。在协调会议上，各部门可以分享自己的工作进展和面临的困难，协商解决方案，通过合作得出更有效的决策。会议也可以提供一个机会，让各部门对政策实施过程中的问题进行直接的交流和反馈，从而及时调整政策和资源的配置。协调会议还能促进部门之间的信息共享和数据交流，提高工作的效率和准确性。在会议期间，政府可以组织讨论和工作小组，针对特定的问题或项目展开深入研讨，协商解决方案。各个部门的代表可以就自己的专业领域提出建议和意见，充分发挥各自的优势，为政策的制定与实施提供更全面和科学的意见。为了保证协调会议的效果，政府应制定明确的议程和工作安排，确保会议的时间充裕且有条不紊地进行。会议结束后，应及时记录会议内容和决策，以供参与人员参考和执行，确保会议达成的协商结果得以贯彻。

（四）加强协作机制的监督和评估

加强协作机制的监督和评估对于确保部门间的协作有效运行至关重要，政府可以采取一系列措施来实现这一目标。政府可以设立监督机构或在机构内部设置专门的协作机制监督人员，这些监督人员可以负责监督协作机制的执行情况并及时发现潜在问题。他们可以通过定期检查和评估来考察各个部门是否遵守协作机制的要求，并根据发现的问题提出改进意见。这种监督机构或监督人员的存在可以督促各部门按照协作机制的要求进行工作，确保协作机制的有效运行。政府可以制定明确的评估标准和指标，对协作机制进行定期评估。这些评估可以包括协作成果的数量和质量、部门间合作的效率、问题解决的及时性等方面。通过评估，政府可以评估协作机制的实际效果并及时发现问题和瓶颈。根据评估结果，政府可以采取相应的措施和改进举措，进一步优化协作机制。政府可以借助信息技术手段建立起、协作机制的监控和评估系统，通过数据收集和分析可以实时监测不同部门间的协作情况并生成报告和指标以供参考。这样的系统可以为政府提供最新的部门协作情况，从而更好地进行跟踪和监控。

强化部门间的协作与沟通对于提高政府工作效率和政策落地的成功至关重要，为实现这一目标，政府可以建立跨部门协作机制，促进各部门之间的合作与协商；加强信息共享和数据交流，确保各部门及时获取相关信息；定期召开协调会议，推动问题解决和决策制定；加强协作机制的监督和评估，确保其有效运行。通过这些措施，政府能够加强部门间的协作关系，提高政策实施的整体效果，推动社会发展和公共事务的顺利进行。

三、加强政策执行监督与反馈

加强政策执行监督与反馈对于确保政策有效实施至关重要，为此，建立健全的监督体系、实时监测政策执行情况、设立专门反馈渠道、及时调整和改进政策执行措施是重要举措。这些措施有助于政府更加全面地了解政策执行情况、接受公众的意见和反馈，并采取相应的改进措施以提升政策的实施效果。

（一）建立健全的政策执行监督体系

为加强政策执行监督与反馈，建立一个健全的监督体系至关重要。政府可以设立专门的监督机构或委员会，负责监督政策的执行情况。这些机构或委员会应由独立的监督人员组成，他们不隶属于执行部门，可以客观地评估政策的执行情况。监督机构可以通过定期检查、现场视察和数据分析等方式，对政策执行的各个环节进行评估，及时发现问题和疏漏。建立健全的监督报告和评估机制，确保监督结果的客观准确。例如某地政府设立了独立的政策执行监督委员会，每季度对政策执行进行全面评估，监督人员通过调查问卷、专业调研和实地考察，了解政策落地情况和实际效果并撰写监督报告，提出改进建议。

（二）加强对政策执行情况的实时监测

政府通过建立政策执行监测系统可以实现对政策执行情况的实时监测，该系统可以利用现代信息技术收集和分析与政策执行相关的数据和信息，使政府能够迅速了解政策的执行进展、发现问题和挑战，并为政府决策提供科学依据。例如假设某国政府实施了一项扶贫政策，政府可以建立一个扶贫数据监测系统。通过定期收集农户的收入、生活条件、教育水平等数据，结合扶贫政策的实施情况可以及时监测扶贫政策的执行效果。监测系统可以提供详尽的数据和信息，例如贫困人口的变化趋势、收入提升的情况、教育水平的改善等，从而评估政策的成效和问题所在。当监测系统发现一些执行上的困难或政策不适应问题时，政府可以立即采取相应的措施进行调整和改进，确保扶贫政策的有效实施。这样的实时监测系统能够大大提升政府对政策执行情况的感知度和响应能力，使政策更加符合实际需求并推动政府及时做出有有针对性的调整，以实现更好的政策效果。

（三）设立专门的反馈渠道，接受各方意见和反馈

设立专门的反馈渠道是政府加强与公众沟通和互动的关键举措，可以帮助政府了解公众对政策执行的评价和建议。通过多元化的渠道，政府可以广泛收集到各方的意见和反馈。政府可以设立投诉热线和邮箱，为公众提供便捷的反馈途径。公众可以通过电话或邮件向政府提出意见、投诉或建议。这些渠道的优势在于即时性和直接性，能够有效地获取公众对政策执行的实际情况和体验。政府可以建立在线平台，如政府官方网站或社交媒体平台，供公众留言和发表意见。这种渠道能够容纳大量反馈信息，也增强了公众参与感和信息透明度。政府还可以组织座谈会、听证会等形式的会议，与相关利益群体进行面对面的交流，这种交流方

式可以深入了解公众的需求和期望，也为政府提供了倾听公众意见和建议的机会。例如某市政府设立了居民意见箱和在线平台，鼓励居民积极反映对政策执行的看法和建议。政府会定期收集和分析这些反馈信息，并根据反馈结果采取相应措施，解决问题和改进政策。

（四）及时调整和改进政策执行措施

当政府收集到相关的反馈信息后，它可以采取多种方式来及时调整和改进政策执行措施。政府可以组织专门的工作组或调研团队，对问题进行深入的分析和研究。这些团队可以包括专家、学者、行业代表等各方利益相关者，共同制订改进方案。他们可以评估政策执行的效果和影响并提出具体的建议和措施。基于工作组或调研团队的研究结果，政府可以制定并实施改进措施。这包括对现有政策进行修订、完善或增加相应的细则和配套措施，以解决问题和改进政策执行。政府可以与执行部门合作确保新的政策和措施顺利实施，并加强对执行过程的监督和评估。政府还可以通过改进信息公开和沟通机制，加强与公众和利益相关者的交流与合作。这可以包括开展公众听证会、座谈会、工作坊等形式的活动，以促进各方之间的理解和共识。政府可以充分倾听各方的意见和建议，并根据其反馈来调整政策执行的方向和方式。政府还应加强外部和内部监督机制，确保政策执行的公正性和提升政策执行的效果。这可以包括建立独立的监管机构、加强审计和评估等手段。政府应注重信息的透明公开，向公众和利益相关者提供及时的反馈和回应，让他们了解政策执行的进展情况并继续收集和关注相关意见和建议。

政府应建立健全的政策执行监督体系，通过独立的监督机构评估政策执行情况，并借助监测系统实时了解政策执行进展。设立专门反馈渠道可以广泛收集公众的意见和反馈，加强与公众的沟通和互动。收集到反馈信息后，政府应及时调整和改进政策执行措施，利用工作组和调研团队制订改进方案并与执行部门合作实施。政府应加强监督机制，保障政策执行的公正性和效果，并加强信息公开和沟通，与公众和利益相关者共同研究解决方案。通过这些措施，政府能够提高政策的实施效果，促进公共利益的实现。

四、提升基层政府执行能力

提升基层政府的执行能力是实现有效治理和推动地方发展的关键，为此，加强对基层政府的培训和指导、完善绩效考核机制、加强人员配备和管理、推行创新机制都是重要的举措。这些措施有助于提高基层政府干部的专业素养和执行力，激发积极性和责任感，推动基层政府履行职责，提供优质服务，促进地方社会经济的持续发展。

（一）加强对基层政府的培训和指导

加强对基层政府的培训和指导是提升执行能力的关键举措，政府可以建立培训机制，为基层政府干部提供有针对性的培训课程，涵盖政策解读、管理技能、沟通协调等方面的知识和技能。通过这样的培训，基层政府干部能够更好地理解和贯彻上级政策，提高其执行力和应对能力。政府可以派遣有经验的官员或专家到基层进行现场指导，他们可以与基层政府干部共同研究问题，解决难题并为其提供专业支持和指导。这种实地指导能够帮助基层政府干部应对实际情况，加深对政策实施的理解并提供解决问题的实用方案。例如某地政府设立了基层政府干部培训中心，定期组织培训班和研讨会。他们邀请具有丰富经验的专家学者进行授课和指导，从政策解读到管理技巧，从沟通协调到问题解决等方面进行全面培训。这样的培训不仅提升了基层政府干部的执行力，也增强了综合素质和能力，使其更好地服务于公众和推动地方发展。

（二）完善基层政府绩效考核机制

完善基层政府的绩效考核机制是激励和促进基层政府执行能力的重要手段，为此，政府可以建立科学合理的考核指标体系，包括政策执行效果、问题解决能力、社会稳定程度等多方面的指标，以客观评估基层政府的绩效。政府应该确定明确的考核指标，涵盖基层政府的主要职责和任务，例如政策执行效果可以衡量政策实施的成效和效果，问题解决能力可以评估基层政府应对社会问题和民众需求的能力，社会稳定程度可以反映基层政府维护社会稳定和社会治安的能力。这些指标应综合考虑基层政府履职情况和公众意见，确保考核结果真实可信。政府应确定合理的考核权重和评分标准，确保绩效考核的客观性和公正性。权重的设定要根据不同指标的重要性和影响力进行科学权衡，评分标准要明确、透明，便于测评和比较。考核过程应充分倾听公众意见，引入第三方评估机构的专业意见，提高考核的客观性。政府应将绩效考核结果与干部选拔任用、薪酬激励等挂钩，建立合理的激励机制，增强基层政府干部的执行动力。绩效考核结果可以成为干部选拔任用的重要依据，优秀表现的基层政府干部可以获得晋升和提升的机会，也可以给予适当的薪酬激励或奖励，激发干部的积极性和创造性。例如某省政府制定了基层政府年度绩效考核办法，明确了考核指标和权重，通过定期评估政策的执行效果、基层管理能力等指标，对各级基层政府进行绩效评估。考核结果可以作为干部选拔任用和奖惩的重要依据，对于表现出色的基层政府干部进行晋升和提拔，根据绩效考核结果给予相应的薪酬激励或奖励。

（三）加强基层政府的人员配备和管理

加强基层政府的人员配备和管理是提升执行能力的关键措施，政府应加强对基层干部的选拔和培养，确保人员的素质和能力与岗位要求相匹配。政府可以建立科学严格的干部选拔机制确保选派到基层政府的干部具有相关专业知识和工作经验。选拔过程应公开透明，注重综合素质评估，避免人员配备中的任人唯亲和行政任命等问题。例如某地政府设立了基层政府干部选拔专门委员会，由专家学者和资深基层干部组成，通过公开招聘和面试等方式选拔合适的干部人选，确保干部的能力和适应性。政府应注重基层政府干部的培养和专业能力提升，通过组织有针对性的培训，为基层政府干部提供必要的知识和技能。培训内容可以包括政策背景、管理技巧、沟通协调等方面，帮助干部更好地履行职责。政府可以鼓励干部参与实践和项目，提升其工作经验和解决问题的能力。例如某县政府定期组织基层干部培训班，邀请行业专家和成功经验分享者进行授课和指导，帮助基层干部提升工作能力和领导素质。政府应优化基层政府的组织结构，明确职责和权责。建立健全的工作流程和协作机制，提高工作效率和执行效能。在人员管理方面，政府可以建立健全的考勤制度和绩效评估机制确保干部的工作纪律和责任感。绩效评估可以参考解决问题的能力、政策执行效果和服务质量等指标，定期进行评估和提醒，为干部提供改进和发展的机会。例如某市政府设立了基层干部人才库，基于不同岗位的需求和干部个人特长进行人员的合理调配和优化。在这个人才库中，干部可以根据个人能力和专业背景选择适合自己的岗位，从而更好地发挥才能和提高工作效率。

（四）推行创新机制，激励基层政府的积极性和责任感

推行创新机制是提升基层政府执行能力的重要途径，通过设立创新奖励基金，政府可以激励基层政府积极探索解决问题的新方法和新思路。该基金可以用于奖励那些取得显著成效的创新实践，鼓励基层政府团队开展试点项目，推动政策创新和工作改进。政府可以给予基层政府一定的自主权和决策权，赋予基层政府更大的权力和责任，他们更有动力和主动性来解决问题和改进工作效率。政府可以建立一个合理的权责清单，明确基层政府的职责和权限并为其提供必要的资源和支持，以便他们能够更好地适应本地发展需求并解决实际问题。分级授权也是一种有效的创新机制。政府可以根据不同地区的特点和需求，赋予基层政府相应的政策调控和资源配置权力。通过权力下放到基层，政府可以更好地发挥基层政府的作用，促进各地区的创新和发展。

为了提升基层政府的执行能力，需要综合运用多种措施，加强培训和指导，提供有针对性的知识和技能帮助基层干部更好地理解和贯彻政策。完善绩效考核机制，建立科学合理的指标体系，激励干部提高工作效率和质量。加强人员配备和管理，确保人员素质和岗位要求的匹配，推动基层政府的组织效能。推行创新机制，激发干部的创新思维，鼓励他们积极探索解决问题的新途径。通过综合运用这些举措，能够全面提升基层政府的执行能力，为公众提供更好的服务，推动地方的繁荣和进步。

第二节　金融支持与投融资创新

一、创新金融支持机制

创新金融支持机制对于数字乡村项目的发展至关重要，引入金融科技创新、设立专项基金、推动定制化金融产品和服务及建立风险分担机制等措施能够降低融资风险，并为数字乡村项目提供有效的支持和发展机遇。

（一）引入金融科技创新，提供智能金融服务

引入金融科技创新是推动数字乡村发展的重要举措，通过运用人工智能、大数据分析等技术，金融机构可以提供智能金融服务，满足数字乡村的融资需求例如可以利用智能风控系统对数字乡村项目进行评估和分析，提供精准的风险评估结果和贷款额度建议。金融科技创新还可以推动在线金融服务，使居住在数字乡村的人们能够便捷地获取金融产品和服务，促进数字乡村的经济活力和金融包容性的提升。

（二）设立专项基金，支持数字乡村项目发展

专项基金是为了支持数字乡村项目发展而设立的特定资金池，政府可以通过引入投资机构、设立公益基金等方式来筹集资金并将其用于数字乡村项目的各方面。专项基金可以用于投资数字乡村的基础设施建设。数字乡村项目需要完善的基础设施来支持其发展，如宽带网络、物流配送中心、数字农业设施等。通过设立专项基金，政府可以投入资金用于基础设施建设，提高数字乡村的信息化水平和生产能力。专项基金可以用于创新项目孵化。数字乡村项目需要不断创新和推动新技术、新业态的发展，政府可以将专项基金用于孵化器建设、科技创新项目扶持，为数字乡村企业提供创新的支持和资金，鼓励他们在农业、电商、旅游等领域进行创新实践，推动数字乡村的发展。专项基金还可以用于产业扶持。数字乡村项目通常涉及农业、乡村旅游、电商等产业的发展，政府可以通过专项基金来补贴数字乡村企业的生产成本、提供优惠贷款、支持营销推广等，帮助数字乡村项目取得更好的经济效益和社会效益。例如某地政府设立了数字乡村发展基金，鼓励社会资本参与其中。该基金通过引入投资机构和社会资本，为数字乡村项目提供资金支持。基金可以对符合条件的数字乡村项目进行评估并进行投资，以推动数字乡村项目的快速发展。

（三）推动金融机构提供定制化金融产品和服务

为了满足数字乡村项目的特殊需求，金融机构可以提供定制化的金融产品和服务，帮助数字乡村项目实现可持续发展和创新。在农村电商领域，金融机构可

以提供线上支付、供应链融资和电商消费分期等金融产品。这些产品可以帮助乡村电商企业解决资金周转问题，扩大其经营规模。例如针对电商平台的支付问题，金融机构可以合作开发安全可靠的线上支付系统并提供担保服务，保障交易双方的权益。金融机构可以针对不同数字乡村项目的需求，开发适用的贷款、担保和创业投资等金融产品。例如针对农业产业化项目，金融机构可以提供农业信贷，支持农民合作社发展现代农业。对于乡村旅游项目，金融机构可以提供旅游贷款和信用担保产品，帮助旅游企业扩大规模和提升服务质量。针对乡村创业者，金融机构可以推出创业投资和孵化基金，提供资金和专业指导，支持创新创业活动。金融机构可以通过推动金融科技创新，提供更加便捷和智能的金融服务。例如利用大数据和人工智能技术，金融机构可以进行风险评估和信用评级，帮助数字乡村项目获得更精准的贷款利率和额度。金融机构也可以开发移动金融应用和在线服务平台，方便数字乡村项目管理和金融交易的进行。

（四）鼓励金融机构建立风险分担机制，降低融资风险

为了降低数字乡村项目的融资风险并促进其可持续发展，金融机构可以鼓励建立风险分担机制。金融机构可以与政府合作，共同承担数字乡村项目的风险。政府可以提供一定比例的财政担保或风险补偿，以减轻金融机构的风险压力。这种合作可以在项目签约和资金发放阶段实施，有助于吸引更多金融机构参与数字乡村项目的融资，促进项目的顺利进行。金融机构可以与保险机构合作，共同承担数字乡村项目的风险。通过购买适当的保险产品，金融机构可以降低项目失败带来的潜在损失。例如金融机构可以与保险公司合作，开发针对数字乡村项目的特殊保险产品，覆盖项目的投资、设备、运营等方面，为金融机构提供额外的风险保障。金融机构可以开展风险，评估和尽职调查工作，加强对数字乡村项目的了解和风险分析。通过全面评估项目的商业模式、市场前景、管理团队等方面的风险，金融机构可以更准确地判断项目的可行性和潜在风险并相应地制定风险控制和分担策略。金融机构可以积极开展项目评级和信用担保工作，提供对数字乡村项目的信用支持。通过评级和担保，金融机构可以减轻投资者的顾虑，提高项目的融资成功率。金融机构还可以鼓励数字乡村企业建立良好的信用记录，提供更优惠的融资条件和利率，降低融资成本。

数字乡村的持续发展需要创新的金融支持机制，引入金融科技创新可以提供智能化的金融服务，设立专项基金可以用于基础设施建设、创新项目孵化和产业扶持。推动金融机构提供定制化金融产品和服务能满足数字乡村项目的特殊需求。建立风险分担机制可以减轻融资风险，包括与政府合作、与保险机构合作及开展风险评估和信用担保工作。这些措施的综合应用有助于降低数字乡村项目的融资风险，促进其可持续发展。

二、拓展数字乡村项目融资渠道

数字乡村项目的融资是项目成功实施和可持续发展的关键因素，为了拓展数字乡村项目的融资渠道，可以采取多种策略与方法，其中包括与政府相关机构合作获取政府支持和贷款、探索资本市场融资渠道如发行债券或上市融资、寻求社会投资者的合作与支持，引入风险投资及创新农村金融产品满足数字乡村发展的特殊需求。这些举措可以为数字乡村项目提供更多的资金和资源支持，加速项目实施，推动乡村地区的数字化发展。

（一）建立与政府相关机构的合作，获得政府支持和贷款

建立与政府相关机构的合作是拓展数字乡村项目融资渠道的重要途径，数字乡村项目通常与农村发展和乡村振兴战略息息相关，与政府相关部门和机构的合作可以获得政府支持和贷款等资源。例如数字乡村项目可以与农业部门合作，获取农村专项资金和补贴政策的支持，用于项目的基础设施建设和技术创新。通过与地方政府、金融机构等建立合作关系，数字乡村项目可以获得低息贷款、贴息政策等金融支持，降低融资成本。政府相关机构还可以提供项目审批加速、土地使用权或场地租赁等优惠政策，为数字乡村项目提供便利条件。

（二）探索资本市场融资渠道

在拓展数字乡村项目的融资渠道中，探索资本市场融资渠道是一种重要的选择，发行债券是一种常见的方式，通过发行债券，数字乡村项目可以向公众募集资金。债券可以分为普通债券和专项债券，用于项目的建设和资金周转。普通债券通常具有较长期限并以固定利率支付利息；而专项债券的发行资金专门用于特定项目的融资，例如农村基础设施建设或数字农业技术创新。发行债券可以吸引

各类投资者，包括机构投资者和个人投资者，为数字乡村项目提供资金支持。另一种方式是上市融资，如果数字乡村项目已经具备一定的规模和潜力，可以考虑在股票市场上通过公开发行股票来融资。上市融资不仅可以给项目带来资金，还可以提升项目的知名度和企业价值，吸引更多投资者的关注。通过上市，数字乡村项目可以更好地展示项目的成果和潜力，为未来的发展提供更多资源和机会。上市后，数字乡村企业也可以通过股票交易市场获得融资和股权流动的便利，促进项目的发展和成长。值得注意的是，探索资本市场融资渠道需要进一步开展市场调研和风险评估，确保项目的可行性和吸引力。与监管机构和专业机构合作，获得相关的法律和财务咨询，确保融资过程的合规性和透明度。通过债券发行或上市融资，数字乡村项目可以获得更多的资金支持，促进项目的扩大和发展，为投资者提供投资机会，推动数字乡村建设取得更大的成功。

（三）寻求社会投资者的合作与支持，引入风险投资

寻求社会投资者的合作与支持是数字乡村项目融资的一个重要途径社会投资者包括天使投资者、风险投资基金和私募股权投资等，他们通常有丰富的投资经验和资源，可以为项目提供资金和专业知识。天使投资者通常是个人或小规模的投资机构，他们对早期创业项目感兴趣并愿意提供财务支持和战略指导。对数字乡村项目来说，天使投资者可以成为最早一批支持者，帮助项目起步并提供初期的资金支持。风险投资基金是专业的投资机构，他们通过向高风险、高潜力的项目投资，追求较高的回报。数字乡村项目通常具有一定的创新性和增长潜力，使其成为风险投资基金的关注对象。这些基金可以为项目提供大额资金，帮助项目扩大规模、加速发展，并通过其广泛的网络和资源为项目提供支持。私募股权投资是指以非公开方式购买公司股权的投资活动，通过与私募股权投资者合作，数字乡村项目可以引入战略合作伙伴，共同推动项目的发展。私募股权投资者会为项目提供资金、行业专业知识及扩大市场渠道的支持，帮助项目实现商业化和可持续发展。在吸引社会投资者的合作过程中，数字乡村项目应具备清晰的商业模式、可行性研究和商业计划以展示项目的潜力和回报。与投资者建立良好的沟通和合作关系，共同制定明确的目标和发展战略以实现共赢的局面。

（四）创新农村金融产品，满足数字乡村发展的特殊需求

为了满足数字乡村项目的特殊需求，可以创新农村金融产品来支持项目的融资。这些产品包括农村电商融资产品、农业信贷产品、乡村旅游投资基金等。例如某农村电商企业可以与金融机构合作推出电商供应链融资产品，帮助企业解决库存周转、订单结算等资金难题。对于农业项目，金融机构可以开发农业信贷产品，协助农民合作社和农场主进行现代农业投资。根据数字乡村的具体需求还可以开发专门针对乡村旅游或数字农业等领域的金融产品，以满足不同项目的融资需求。

拓展数字乡村项目融资渠道是非常重要的，因为它可以提供项目所需的资金、资源和支持。建立与政府相关机构的合作可以带来政府支持和贷款，促进项目的顺利进行。探索资本市场融资渠道可以通过发行债券或上市融资来吸引更多的资金和投资者的关注。寻求社会投资者的合作与支持有助于引入风险投资，加速数字乡村项目的发展和扩大。创新农村金融产品能够满足数字乡村项目的特殊需求，为项目提供量身定制的金融支持和服务。通过综合运用这些策略和方法，可以为数字乡村项目提供多样化的融资渠道，推动乡村地区的数字化转型和可持续发展。

三、促进金融机构与数字乡村企业合作

在数字乡村发展的背景下，促进金融机构与数字乡村企业的合作至关重要，为了实现这一目标，可以通过建立对接平台、提供交流和合作机会、加深金融机构对企业特点的了解及设计符合需求的金融产品和服务来推动双方合作。

（一）建立金融机构与数字乡村企业的对接平台

为促进金融机构与数字乡村企业的合作，建立一个对接平台是至关重要的。这个平台可以是一个数字乡村企业融资服务中心或一个专门的在线平台，旨在连接金融机构和数字乡村企业，提供信息交流和合作的机会例如该平台可以帮助数字乡村企业向金融机构展示项目的商业计划和潜力，提供金融机构的背景信息和融资条件。企业可以在平台上发布自己的需求并吸引金融机构的关注。金融机构可以通过平台上的企业信息和项目资料，快速筛选出与其投资策略和业务重点匹

配的企业，建立起初步的合作联系。

（二）提供金融机构与企业间的定期交流和合作机会

定期的交流和合作机会是金融机构与数字乡村企业建立合作关系的重要方式，这些机会提供了一个平台，让双方直接互动，增进彼此的了解和合作。行业研讨会是一个有效的交流机制，可以邀请数字乡村企业和金融机构的代表参与讨论和分享经验。在这样的研讨会上，企业可以介绍项目和创新理念，向金融机构展示自己的价值和潜力。金融机构可以分享金融产品和服务的最新趋势和创新，帮助企业了解可行的融资方式和机会。专题讲座是另一个有益的合作机会，可以安排专业人士为数字乡村企业提供有关金融和融资的培训和指导。这些讲座可以涵盖各种主题，包括融资策略、风险管理、财务规划等，帮助企业提高融资能力和商业运营水平。组织项目路演是一个重要的合作机会，特别适用于数字乡村企业寻求风险投资的情况。企业可以向金融机构展示项目计划、市场前景和盈利模式，并通过演示和讨论与投资者建立联系。这样的活动有助于企业与潜在的投资者建立关系，为融资提供机会。

（三）推动金融机构深入了解数字乡村企业的特点和需求

要推动金融机构深入了解数字乡村企业的特点和需求，可以采取多个关键步骤。金融机构应加强与数字乡村企业的沟通和互动，这可以通过组织定期的企业访谈、调查问卷、焦点小组讨论等方式进行。通过直接与企业代表交流，金融机构可以更深入了解企业的经营环境、发展阶段、资金需求、挑战和机遇等方面的情况。金融机构可以设立专门的数字乡村企业服务团队或专业部门，这些团队或部门专注于数字乡村企业，负责与企业沟通、了解其特点和需求并提供相应的金融产品和服务。这样的团队可以吸引具有乡村经济和农业背景的金融专业人员，更好地理解数字乡村企业的特殊性。金融机构还可以与相关的行业协会、研究机构和政府部门合作，加强对数字乡村企业的研究和了解。通过参与研究和调研活动，金融机构可以获取有关数字乡村企业的行业趋势、市场需求、政策环境等方面的信息，进一步提高对企业特点和需求的理解。金融机构可以与数字乡村企业建立紧密的合作关系，共同探索解决方案并进行试验。通过与企业的合作，金融机构可以更深入地了解企业的实际运营状况、融资需求和创新潜力。这种合作关系可以通过共同组织培训活动、项目合作、对接平台等方式建立，进一步加强双方的互动和合作。

（四）设计金融产品和服务，满足数字乡村企业的融资需求

为了满足数字乡村企业的融资需求，金融机构可以设计特色的金融产品和服务，以适应其特殊的经营环境和发展阶段。一种创新是推出针对数字乡村企业的小额贷款产品，这些贷款产品可以提供较为灵活的还款方式和利率条件，以满足数字乡村企业的资金需求。金融机构可以根据企业的经营规模和风险状况，设计出符合实际情况的贷款额度与期限，并提供便捷的申请和审批流程。另一种创新可以是开设专用的科技创新基金。数字乡村企业在数字化农业或乡村创新领域需要大量资金来支持其研发和实施项目，金融机构可以设立此类基金，通过风险投资或股权投资的方式，为有潜力的数字乡村企业提供资金支持。这样的基金可以集中资源，吸引更多投资者参与并促进数字乡村企业的创新和发展。金融机构还可以通过提供专业的咨询服务和融资规划帮助数字乡村企业制定和实施可行的融资策略。金融机构的专业知识和经验可以帮助企业更好地理解金融市场和融资机制，提供有针对性的建议，帮助企业降低融资风险并增加融资机会。

建立一个对接平台可以让金融机构和数字乡村企业直接联系，共享信息和资源。定期的交流和合作机会如行业研讨会、专题讲座和项目路演有助于增进彼此的了解和建立合作关系。金融机构需要深入了解数字乡村企业的特点和需求，可以通过定期沟通、专业团队和行业合作等方式实现。金融机构还可以创新设计金融产品和服务，以满足数字乡村企业的融资需求，例如小额贷款和科技创新基金等。这些举措推动双方的合作，推动数字乡村企业的发展和创新。

四、引导社会资本参与数字乡村建设

数字乡村建设需要政府和社会资本的合作，才能实现全面发展。为了引导社会资本参与数字乡村建设，政府可以采取一系列措施，包括制定鼓励政策和法规、推动建立数字乡村投资项目库、提供投资者权益保护和风险防控机制及加强政府与社会资本的合作。这为数字乡村建设提供更多资源和支持，推动农村现代化进程。

（一）制定鼓励社会资本参与的政策和法规

为了引导社会资本参与数字乡村建设，制定鼓励政策和法规是必不可少的。政府可以通过出台税收优惠政策、提供投资补贴和贷款担保等措施，鼓励社会资本投资数字乡村项目，例如政府可以设立数字乡村产业发展基金，专门用于支持和引导社会资本投资数字乡村建设。政府还可以简化审批程序，提供便捷的土地使用权和产权转让手续，吸引更多社会资本参与。加强知识产权保护和法律环境建设，为投资者提供稳定的政策保障，减少不确定性，也有助于吸引更多社会资本进入数字乡村领域。

（二）推动建立数字乡村投资项目库，吸引社会资本参与

为了吸引社会资本参与数字乡村建设，可以推动建立数字乡村投资项目库。该项目库可以收集并展示各类数字乡村项目的详细信息，包括项目概况、市场前景、投资规模和预期收益等。项目库可以提供专业的评估和尽职调查报告，为投资者提供可靠的决策依据，例如政府可以设立数字乡村投资项目库的在线平台，为投资者提供便捷的浏览和查询服务。政府可以邀请专业机构和行业专家参与项目库的建设，确保其中的项目都具备商业可行性和可持续发展的潜力。通过建立项目库，社会资本可以更加了解数字乡村项目，降低投资风险并更容易找到适合自己的投资机会。

（三）提供投资者权益保护和风险防控机制

为了吸引社会资本参与数字乡村建设，必须提供投资者权益保护和风险防控机制。政府可以加强对数字乡村投资项目的监管，确保项目信息的透明度和真实性。政府可以设立专门的投诉和仲裁机构，处理投资者与项目方之间的纠纷，保护投资者的合法权益。政府还可以鼓励金融机构创新金融产品，为投资者提供风险保障和风险分散的机制，例如合理设计的保险产品可以提供对项目投资的风险保障，增加投资者的信心和参与度。通过提供投资者权益保护和风险防控机制，降低社会资本参与数字乡村建设的风险，激励更多投资者的积极参与。

（四）加强政府与社会资本的合作，共同推进数字乡村建设

加强政府与社会资本的合作是数字乡村建设取得成功的关键。政府可以积极与投资机构和企业家协会等社会资本组织合作，共同探讨数字乡村项目的可行性和发展路径。通过开展投资峰会、论坛和研讨会等活动，政府可以提供一个平台，使社会资本能够了解数字乡村建设的机遇和挑战，并与政府部门进行深入的沟通和交流，共同制定可行的发展策略。政府可以主动寻求与社会资本的战略合作伙伴关系，通过与社会资本合作，政府可以共同制订数字乡村发展计划和政策措施，充分利用社会资本的专业知识和丰富经验。这种合作关系可以在项目发展、投资组合和风险分担等方面提供更好的协同效应，促进数字乡村建设的可持续发展。政府还可以加强对社会资本的支持和引导，可以设立专门的数字乡村发展基金，为社会资本提供贷款担保、风险补偿和项目资金补贴等支持措施，降低其参与数字乡村建设的风险和成本。政府也可以提供专业的咨询服务和技术支持，帮助社会资本更好地了解数字乡村的发展方向和市场需求。

引导社会资本参与数字乡村建设需要制定鼓励政策和法规，推动建立数字乡村投资项目库，提供投资者权益保护和风险防控机制及加强政府与社会资本的合作。这些措施吸引更多社会资本投资数字乡村项目，为数字乡村建设提供更多的资金、技术和管理经验，推动农村经济的转型升级，实现乡村振兴战略的目标。

第三节　技术创新与科技应用

一、推动数字技术与传统产业融合

数字技术与传统产业的融合发展是推动经济转型和提升产业竞争力的重要路径，为了实现这一目标，政府需要制定政策和法规来促进数字技术与传统产业的融合，提供培训和技术支持，推动数字农业和数字物流等领域的发展，并加强数据安全和隐私保护。这些措施为数字技术与传统产业的可持续发展奠定坚实基础，

推动产业升级和创新。

（一）制定政策和法规，促进数字技术与传统产业的融合发展

为了促进数字技术与传统产业的融合发展，政府可以制定一系列政策和法规，鼓励和引导企业数字技术融入传统产业中例如政府可以提供税收优惠政策，为数字技术在传统产业中的应用提供经济支持；政府还可以制定资金扶持政策，向传统产业提供科技创新资金，用于数字化转型和设备升级。政府可以加大对数字技术在传统产业中的研究和开发投入，积极引导创新创业团队和科研机构开展相关项目。通过制定政策和法规，政府可以为数字技术与传统产业的融合发展提供稳定的政策环境和市场预期。

（二）提供培训和技术支持，帮助传统产业进行数字化转型和升级

为了帮助传统产业实现数字化转型和升级，政府可以积极提供培训和技术支持。一方面，政府可以与高校、科研机构和专业培训机构合作，开展针对传统产业从业人员的培训课程。这些培训课程可以包括数字技术的基础知识，如大数据分析、人工智能和物联网等及相关的应用方法和实践案例。通过这些培训，传统产业从业人员可以了解数字技术的潜力和应用领域，并学习如何将其应用到实际生产和管理中。另一方面，政府可以建立专门的技术支持机构或创建在线平台，为传统产业提供技术咨询、问题解答和技术交流的渠道。这些机构和平台可以与专业技术人员和行业专家合作，提供定期的技术指导和培训材料，帮助企业了解最新的数字技术趋势和应用方法。例如在数字农业领域，政府可以派遣农业专家到农村地区提供现场指导，指导农民合理运用数字农业技术。政府还可以鼓励公私合作，支持企业与科研机构或创新型企业的合作，提供财务和技术支持，推动数字技术在传统产业中的应用和创新。通过这种方式，传统产业可以获得专业的技术指导和资源支持，加速数字化转型和升级的进程。

（三）推动数字农业、数字物流等领域的发展，提高生产效率和质量

为了推动数字农业和数字物流的发展，政府可以采取一系列措施以提高传统产业的生产效率和质量。在数字农业方面，政府可以加大对农业技术设备的研发

和应用支持，例如政府可以与科研机构和企业合作，共同开展先进农业技术设备的研制，如智能化农机具、自动化灌溉系统、无人机植保等。政府还可以推动农业大数据的收集和分析，建立农业大数据中心，帮助农民和农业企业利用数据进行农作物种植、疫病防控等方面的决策。政府还可以支持农业物联网的基础设施建设，为传感器、监测设备等技术的应用提供网络和平台。在数字物流方面，政府可以鼓励物流企业应用物联网、人工智能等技术，提高物流运输和仓储的效率。政府可以提供资金和政策支持，鼓励物流企业更新物流设备，引入智能化管理系统，提高物流操作的精确性和效率。政府还可以推动物流信息化的发展，建立统一的物流信息平台，促进物流环节的信息共享和协同。通过数字技术的应用，物流企业可以优化仓储布局、加强运输监控，提高货物的流转效率和配送的准确性。

（四）加强数据安全和隐私保护，维护数字技术与传统产业融合的可持续发展

在数字技术与传统产业融合发展的过程中，数据安全和隐私保护是重要的关注点，政府可以通过出台相关法规和政策，建立数据安全的标准和规范。这些法规和政策应明确企业在数字技术应用过程中的数据保护责任和义务，并规定数据收集、存储、分析和共享的合规要求，以确保数据安全和隐私保护。政府可以加强数据管理的监管和审核机制，设立专门的机构或增派人员，负责监督和审核企业在数字技术应用中的数据管理情况。这些机构或人员应定期对企业的数据保护措施进行检查和审核，确保企业按照法规要求进行数据安全和隐私保护。政府可以鼓励企业采取有效的数据加密、备份和防护措施，提供财政支持或税收优惠等激励政策，鼓励企业采用先进的技术方法，如加密技术、数据备份技术和网络安全防护技术，保护企业和个人的数据免受恶意攻击或数据泄露的风险。政府可以加强数据安全技术和专业人才的培养和引进，支持相关研究机构和高校进行数据安全技术的研究和培训，培养更多的数据安全专业人才。政府还可以吸引和引进数据安全领域的国际专家和顶尖企业，提供技术支持和合作机会，推动我国在数据安全领域的发展。政府可以加强与其他国家和地区的合作，共同应对跨国数据安全和隐私保护的挑。政府可以加强国际信息交流和合作，推动国际数据安全规范和标准的制定，并与其他国家和地区共享经验和最佳实践。

为了推动数字技术与传统产业的融合，政府可以制定支持政策和法规，提供

培训和技术支持，推动数字农业和数字物流等领域的发展，并加强数据安全和隐私保护。通过这些措施，政府可以打造良好的政策环境，促进数字技术在传统产业中的应用，提高产品质量和生产效率，推动经济发展和产业升级。保护数据安全和隐私也是维护数字技术与传统产业融合发展的重要方面，政府可以加强监管和规范，鼓励企业采取有效的数据保护措施，为数字技术应用赢得社会信任。通过合理的政策引导和综合的保护措施，数字技术与传统产业融合实现可持续发展，并给经济社会带来持续的增长和繁荣。

二、加强数字乡村科研项目资金支持

加强数字乡村科研项目的资金支持对于推动乡村发展和数字化转型具有重要意义，在这方面政府可以采取一系列措施，如设立专项资金、加强评估监测、鼓励产学研合作和提供创新创业支持，以促进数字乡村科技创新和成果转化。

（一）设立专项资金，支持数字乡村科研项目的创新研究

为加强数字乡村科研项目的支持，政府可以设立专项资金，用于资助和支持数字乡村领域的创新研究项目。这些专项资金可以通过拨款、竞争性申请等方式进行分配，重点支持具有技术前瞻性和实际应用价值的科研项目。例如政府可以设立数字农业创新科研基金，向科研机构、高校和企业提供资金支持，用于开展数字农业领域的前沿研究，如智能化农机设备、无人机农业、精准农业等。政府还可以设立产学研合作基金，鼓励企业与科研机构共同申请项目资金，推动科技成果的转化和落地。通过设立专项资金，政府为数字乡村科研项目提供资金保障，激励和促进科学家和创新团队在数字乡村领域开展创新研究，推动数字技术在乡村发展中的应用。

（二）加强科研项目评估和监测，确保项目质量和成果转化

为确保数字乡村科研项目的质量和成果转化，政府应加强科研项目的评估和监测机制。政府可以建立科研项目评估体系，设立专门的评估委员会或专家组，对科研项目进行评估和审核。评估主要包括项目的科学性、创新性、可行性及应用前景等方面，以确保项目符合科研要求和社会需求。政府还应加强对科研项目的监测和考核，跟踪项目进展和成果转化情况。通过定期的进展报告和成果汇报，

政府可以及时发现问题和障碍并提供必要的支持和帮助，推动科研成果的转化和应用。政府还可以设立科研项目验收机制，对项目完成后进行验收评估，确保项目的质量和目标的实现，并为优秀的科研项目提供额外的奖励和支持。

（三）鼓励产学研合作，促进科技成果的实际应用和推广

为促进科技成果的实际应用和推广，在数字乡村领域，政府可以鼓励产学研合作，建立良好的合作机制和平台。政府可以加强产学研合作的培训和培育，推动企业与科研机构、高校之间的合作交流。例如政府可以组织产学研论坛或研讨会，促进不同领域的专业人员和研究团队之间的交流和合作。政府还可以加大对产学研合作项目的资金支持，鼓励企业和科研机构联合申请科研项目资金，共同进行数字乡村领域的创新研究和技术开发。政府可以设立科研成果转化和推广的平台，为科研成果的实际应用提供渠道和机会。例如政府可以组织技术展示和推介会，邀请企业和投资者参与，促进科研成果的对接和转化。

（四）提供创新创业支持，培育数字乡村科技企业和创新团队

为培育数字乡村科技企业和创新团队，政府可以提供创新创业支持。政府可以提供资金支持，设立创新创业基金或风险投资基金，向有潜力的数字乡村科技企业和创新团队提供初创资金和投资支持。政府还可以提供税收优惠政策，减少企业和个人的创业成本和税负。政府可以加强创业培训和咨询服务，提供创业导师和专业顾问的指导，帮助创新创业团队解决问题和提高创业能力。政府可以推动创新创业教育的发展，在高校和科研机构设立创新创业教育基地，培养更多的数字乡村科技人才。

为了加强数字乡村科研项目的支持，政府应设立专项资金来支持创新研究，例如数字农业创新科研基金。加强科研项目评估和监测，确保项目质量和成果转化，还可以鼓励产学研合作，促进科技成果的实际应用和推广。政府还应提供创新创业支持，培育数字乡村科技企业和创新团队，如提供资金支持、创业培训和创业环境建设。这些措施为数字乡村科研项目提供资金保障、质量保证和实际应用的支持，推动数字化技术在乡村发展中的应用，促进乡村的创新创业和可持续发展。

三、搭建数字乡村技术创新平台

搭建数字乡村技术创新平台是推动乡村发展的重要举措，其中包括建立创新中心或示范基地、促进技术交流与合作、支持创业创新、推动数字技术应用等方面的措施。这些举措能够集聚创新资源，促进数字化技术的发展和转化，提高乡村发展水平，培育乡村科技企业和创新团队。

（一）建立数字乡村技术创新中心或示范基地，集聚创新资源

为了推动数字乡村的技术创新，政府可以建立数字乡村技术创新中心或示范基地，作为创新资源的集聚地。这些中心或基地可以提供先进的研发设施和实验平台，为科学家、工程师和创新者提供一个展示和推动数字化技术的创新环境。例如中心可以设立数字农业技术实验室，提供现代化的农业科技设备和技术支持，用于开展数字农业领域的创新研究和实验。示范基地可以展示数字化农村的应用案例，吸引企业和投资者的参观和合作。通过建立这样的中心或基地，政府为数字乡村技术创新提供支持，促进技术的发展和转化。

（二）提供技术交流和合作机会，促进技术共享和创新合作

为了促进数字乡村技术的共同发展，政府可以组织技术交流和合作机会，例如可以定期举办数字乡村技术创新大会或研讨会，邀请国内外的专家和科研团队分享研究成果和应用案例。这些活动为技术创新者提供一个互相学习和交流的平台，促进技术的共享和创新合作。政府还可以建立数字乡村技术创新网络平台，通过在线交流和合作的方式，让更多人参与到技术创新中来。这样的交流和合作机会能够加强数字乡村技术创新者之间的联系，促进创新成果的快速传播和应用。

（三）支持创新创业，培育数字乡村科技企业和创新团队

为了培育数字乡村科技企业和创新团队，政府可以提供各种形式的支持。政府可以设立创新创业基金，为有潜力的数字乡村科技企业和创新团队提供资金支持和投资鼓励更多的创新者参与到数字乡村技术的研发和应用中来。政府可以提供创新创业培训和指导，为创新团队提供管理、市场推广等方面的支持，帮助他们在数字乡村领域取得成功。政府还可以优化创新创业环境，简化注册程序、提

供办公场地和优化知识产权保护等，为数字乡村科技企业和创新团队提供便利和支持。

（四）推动数字技术在农业、教育、医疗等领域的应用，提升乡村发展水平

为了提升乡村发展水平，政府可以积极推动数字技术在农业、教育、医疗等领域的应用。在农业方面，例如通过数字化农业管理系统来提高农业生产的效率和质量，利用大数据分析农田的土壤和气象条件及应用无人机和机器人技术精准农业。在教育方面，可以推动数字化教育平台的建设和使用，提供在线学习资源和远程教育机会，提供优质教育资源给乡村学生。在医疗方面，可以推广远程医疗和健康监测技术，改善乡村地区的医疗服务水平。

数字乡村技术创新平台的搭建给乡村地区带来巨大的发展机遇，通过建立创新中心和示范基地，政府为科学家、工程师和创新者提供支持和创新环境。技术交流和合作机会促进技术的共享和创新合作，支持创新创业培育乡村科技企业和创新团队的发展，推动数字技术在农业、教育和医疗等领域的应用提升乡村发展水平。通过这些措施，数字乡村技术创新平台成为促进乡村发展的重要推动力量。

四、引导社会资本参与数字乡村建设

引导社会资本参与数字乡村建设是实现可持续发展的重要举措之一。为了吸引和支持社会资本的参与，政府可以采取一系列措施，包括制定鼓励政策和法规、提供投资激励和支持措施，推动建立数字乡村投资项目库，提供项目信息和评估报告，提供投资者权益保护和风险防控机制，以及加强政府与社会资本的合作。这些措施为社会资本提供更有吸引力和可行性的投资环境，实现数字乡村建设的共同发展。

（一）制定鼓励政策和法规，提供投资激励和支持措施

为了吸引社会资本参与数字乡村建设，政府可以制定鼓励政策和法规，提供投资激励和支持措施。例如政府可以对数字乡村项目给予税收优惠政策，降低企业的税负，鼓励资本投入。政府还可以设立专项资金，提供贷款和融资支持，帮

助投资者获得资金，降低融资成本。政府还可以简化审批程序，提供便利和高效的营商环境，吸引更多的社会资本参与数字乡村建设。

（二）推动建立数字乡村投资项目库，提供项目信息和评估报告

为了提供投资者所需的项目信息，政府可以推动建立数字乡村投资项目库。该项目库可以收集整理数字乡村建设项目的相关信息，包括项目的发展目标、投资规模、预期收益等。政府还可以提供项目评估报告，对项目的可行性和回报进行评估，帮助投资者做出明智的投资决策。通过建立这样的投资项目库，政府可以提高透明度，降低信息不对称，促进社会资本的参与。

（三）提供投资者权益保护和风险防控机制，降低参与风险

为了保护投资者的合法权益，政府在数字乡村建设中可以采取一系列措施来提供投资者权益保护和风险防控机制以降低参与风险。政府可以成立专门的监管机构，负责监管数字乡村项目的运作。这样的监管机构可以确保项目在法律法规和政策框架内进行，防止违法行为和不当操作对投资者权益造成损害。政府可以加强对项目的监督，包括监测项目进展、使用资金情况及落实环境保护和社会责任等方面的情况。通过加强监督，政府可以及时发现并解决潜在问题，保护投资者的利益不受损害。另外，政府可以建立投资风险评估机制，对数字乡村项目的风险进行评估，并为投资者提供风险防控建议。这种评估机制可以系统地分析项目中的各类风险，如市场风险、技术风险和政策风险等，然后提供相应的风险管理措施。

（四）加强政府与社会资本合作，制定共同的发展策略和计划

加强政府与社会资本的合作是推动数字乡村建设的重要途径之一，通过共同研究、讨论和制定发展策略和计划，政府与社会资本可以更好地协调资源配置，优化数字乡村建设的布局和规划。政府应建立与社会资本合作的机制和平台，包括成立联合工作组、设立事务局或专门的合作机构等。这些机制可以提供一个沟通平台，促进政府与社会资本之间的信息共享和沟通交流，加强业务合作。政府和社会资本应共同参与数字乡村建设的规划和战略制定，通过双方的充分讨论和商谈，制定出符合实际情况和各方利益的发展策略和行动计划。对于重大决策可

以进行可行性研究和风险评估，确保决策的科学性和可行性。政府可以通过提供贷款、担保及税收优惠等方式，为社会资本在数字乡村建设中提供资金支持和激励措施。

为了引导社会资本参与数字乡村建设，政府应制定鼓励政策和法规，提供投资激励和支持措施，推动建立数字乡村投资项目库，提供项目信息和评估报告，提供投资者权益保护和风险防控机制，并加强政府与社会资本的合作。这些举措为社会资本创造良好的投资环境，促进数字乡村建设的可持续发展，实现经济、社会和环境的共同进步。政府和社会资本应紧密合作，共同制定发展战略和计划，共享资源、风险和收益，推动数字乡村建设的成功实施。

第四节　监管机制与政策评估

一、健全政策执行监管体系

为了有效实施数字乡村建设政策，需要建立健全的政策执行监管体系。这个体系应包括设立监管机构和部门、建立监管指标和标准、加强信息共享和数据监测及加强对政策执行主体的监督和考核。

（一）设立监管机构和部门，明确责任和职能

政府应设立专门的监管机构或部门，负责数字乡村建设政策执行的监管工作。这些机构可以统一协调各方资源，确保政策的有效实施。监管机构应明确责任和职能，制定工作规范和操作流程以确保监管工作的高效运行。例如可以设立数字乡村建设监督管理局，负责整体协调监管工作、制订政策执行计划和拟定指导方针等。

（二）建立监管指标和标准，量化政策执行的目标和结果

为了确保政策执行的有效性和可衡量性，政府应建立监管指标和标准，用于量化数字乡村建设政策的目标和结果。监管指标可以包括投资金额、项目进展、

农村生活质量等方面的衡量指标及规范化的执行标准。政府可以制定统一的数据收集和报告机制，及时获取相关数据进行监管和评估。例如针对数字乡村建设的监管指标可以包括每年投资的资金规模、建设项目的覆盖范围、就业岗位的增加数量等，政府可以要求各相关部门和项目运营主体按照标准报告数据，监管机构可以根据这些指标进行监测和分析，评估政策执行情况的达到程度并及时调整政策或采取必要的措施。

（三）加强信息共享和数据监测，及时发现问题和风险

政府应建立信息共享和数据监测机制，确保数字乡村建设政策执行过程中的信息流通和数据收集。政府部门、项目运营主体和监管机构之间应加强沟通，及时共享项目进展、财务状况、环境保护等方面的信息。建立有效的数据监测体系，通过数据分析和监测，发现问题和风险并采取相应的措施加以解决。例如监管机构可以要求数字乡村项目方按照规定定期报告项目进展、财务状况、环境影响等数据，政府可以通过信息共享平台或专门的数据收集系统收集这些数据，监管机构对数据进行分析和监测，及时发现项目运营中存在的问题和风险。监管机构可以根据数据分析的结果，采取必要的监管措施确保政策目标的实现。

（四）加强对政策执行主体的监督和考核，激励合规行为

政府应加强对数字乡村建设政策执行主体的监督和考核工作，激励合规行为。监管机构可以制订检查方案和考核标准，对项目运营主体的执行情况进行评估和监测，每季度或年度进行检查和考核。建立激励机制，对合格的项目运营主体给予奖励，如资金支持、名誉奖励等，激励其高效执行政策。例如监管机构可以定期对数字乡村项目方进行现场检查，审查项目的合规性、财务状况、环境保护等方面的情况。根据检查结果进行评估和考核，对合格的项目方给予奖励或优先资金支持，对存在问题的项目方进行整改指导和监督。这样可以激励项目方严格遵守政策规定，确保政策执行的有效性和质量。

建立健全的政策执行监管体系是确保数字乡村建设政策有效实施的关键，通过设立监管机构和部门、建立监管指标和标准、加强信息共享和数据监测及加强对政策执行主体的监督和考核，可以保证政策的高效执行和目标的实现。这给数字乡村建设带来更好的结果，推动农村发展和提高农民生活质量。

二、完善政策效果评估机制

政策的实施对于经济、社会和环境等方面的发展具有重要影响,因此确保政策的有效性和可持续性至关重要。为了完善政策效果评估机制,可以采取一系列措施,如设立独立的评估机构、定期进行评估、应用科学的评估方法将评估结果纳入政策修订和决策过程中。这些措施帮助政府更准确地了解政策执行情况,及时调整和优化政策以推动可持续的发展。

(一) 设立独立的评估机构或委托第三方机构进行评估

为了确保政策效果评估的客观性和独立性,可以考虑设立独立的评估机构或委托第三方机构进行评估工作。这些机构应当具备专业的评估能力和经验,并与政府部门保持一定的独立性。通过设立独立的评估机构或委托第三方机构,可以实现对政策执行情况的中立性评估,提高评估结果的可信度。例如政府可以设立数字乡村建设政策评估委员会,由相关领域的专家、学者和业界代表组成,负责制定评估指标、组织和实施政策评估工作;也可以委托独立的评估机构,如研究院、智库或大学等来完成政策效果的评估工作。

(二) 定期进行政策评估,分析政策的实施效果和问题

政策评估应具有周期性,定期对政策执行情况进行评估。通过定期的评估可以及时了解政策实施的效果和存在的问题。评估过程应包括收集和分析相关数据、定量和定性评估、问题识别等环节,以形成全面的评估报告。例如每年进行一次数字乡村建设政策的评估,通过收集相关数据,如投资规模、项目进展、农村生活质量等指标,分析政策的实施效果和问题。评估报告可以提供给政府决策部门和利益相关者,以便其了解政策情况并针对评估结果进行调整和改进。

(三) 运用科学的评估方法,综合考虑经济、社会、环境等方面的影响

政策评估应基于科学的评估方法,综合考虑经济、社会、环境等方面的影响。评估方法可以包括定量和定性方法,如指标分析、实证研究、案例研究、问卷调查等,以全面评估政策执行的效果和问题。评估结果应考虑到各方面的影响以确保评估的全面性和准确性。例如对数字乡村建设政策,可以采用经济指标(如投

资回报率、税收增长）、社会指标（如农村居民收入增长、就业岗位增加）、环境指标（如能源消耗、碳排放）等进行综合评估。可以通过调研和问卷调查了解政策对农民生活、社会发展和生态环境的影响，为评估提供更全面的数据和信息。

（四）评估结果纳入政策修订和决策过程，及时调整政策措施

政策评估的结果应及时纳入政策修订和决策过程，成为修正和完善政策措施的重要依据。评估的发现和问题应及时被反馈给政府决策者，并被用于调整政策方向、优化政策执行方式以提高政策的效果和适应性。例如基于数字乡村建设政策的评估结果，如果评估发现某些政策措施实施效果不理想或存在问题，政府可以根据评估报告提出相应的调整建议，如调整资金投入、改进项目管理、优化政策补贴等以提高政策的执行效果。这样可以确保政策持续适应乡村发展的需求，实现政策的长期可持续性。

为了实现政策的有效实施和持续发展，完善政策效果评估机制是至关重要的。在这一机制中，可以设立独立的评估机构或委托第三方机构进行评估，以确保评估的客观性和独立性。定期进行政策评估，分析政策的实施效果和问题，帮助政府及时发现并解决存在的困难和挑战。运用科学的评估方法，综合考虑经济、社会、环境等方面的影响，可以提供全面的评估结果从而更好地指导政策的制定和实施。评估结果纳入政策修订和决策过程，及时调整政策措施以确保政策的有效性和适应性。通过这些措施的实施，政府可以更好地评估和监测政策的效果，为可持续的发展提供坚实的基础。

三、加强政策执行中的监督与反馈

政策的执行是政府实现既定目标的关键环节，而加强对政策执行中的监督与反馈则是确保政策有效落地的重要措施。为此，建立投诉举报渠道、问题反馈机制，加强对政策执行情况的跟踪监测和与相关部门的合作成为必要举措，通过探讨这些措施的重要性和具体应用以全面提升政策执行的监督与反馈机制。

（一）建立投诉举报渠道，接受公众意见和监督

为了加强政策执行的监督与反馈，建立投诉举报渠道是一项重要措施，通过建立公开透明的投诉举报渠道，公众可以方便地向相关部门或独立机构提出问题

和意见，从而实现对政策执行情况的监督，例如一个城市推行了一项新的交通政策，会对车辆限行、道路出行等方面产生影响，如果公众对该政策有疑问或存在不满，他们可以通过投诉举报渠道提出问题或意见。相关部门接受并处理这些投诉举报，积极回应公众关注，解答疑惑并根据反馈及时调整政策执行方式，提高政策的透明度和公众参与度。

（二）建立问题反馈机制，及时处理和解决政策执行中的困难和矛盾

在政策执行过程中会出现各种困难和矛盾，为了解决这些问题，建立问题反馈机制至关重要。通过设立专门的问题反馈渠道或平台，公众和相关利益方可以及时报告和反馈政策执行中的困难、矛盾或不合理之处。例如在推行一项环保政策时，企业遇到技术难题或成本压力，这些问题导致政策无法有效执行。通过问题反馈机制，政府部门可以及时了解到这些问题，与相关部门或专业机构合作解决难题，优化政策实施方案，确保政策的顺利推进。

（三）加强对政策执行情况的跟踪和监测，及时发现并纠正偏差行为

加强对政策执行情况的跟踪和监测，是确保政策有效实施的关键步骤。政府可以通过建立专门的监督机制和信息收集系统，定期收集、分析和评估政策执行的情况。这包括对政策执行过程中的关键环节、执行效果和影响进行详细监测，确保政策能够按照既定目标和时间表顺利推进。及时发现和纠正偏差行为也至关重要。监测过程中，一旦发现政策执行中存在的偏差、滞后或不适应情况，应立即采取有效措施加以纠正，并调整政策实施策略，以确保政策的整体效果和长期目标得到充分实现。

（四）加强与相关部门和机构合作，共同完成政策执行的监督任务

政策执行涉及多个部门和机构的配合和合作，为了加强监督与反馈必须加强协调与合作。相关部门和机构应建立有效的沟通机制和协作机制，共同完成政策执行的监督任务。例如一项教育政策的成功实施需要教育部门、学校、教师和家长的密切合作。通过加强部门间的协调与沟通可以及时交流政策执行中的情况，共同解决问题，确保政策的落地和实施效果。相关部门和机构也可以通过定期会

商、联合检查等方式加强对政策执行的监督，及时纠正问题并提供必要的支持和帮助。

加强政策执行中的监督与反馈是推动政策落地的重要环节，通过建立投诉举报渠道，公众能够积极参与并监督政策的执行情况，建立问题反馈机制可以及时处理和解决政策执行中的困难和矛盾，加强对政策执行情况的跟踪和监测有助于及时发现并纠正偏差行为；与相关部门和机构的合作可以共同完成政策执行的监督任务。通过这些措施的综合应用，政策的执行更加高效、透明且符合公众需求，给社会发展带来更好的效果。

四、强化政策宣传与普及机制

强化政策宣传与普及机制是提高公众对政策的认知和理解的关键，通过开展宣传教育活动、制定宣传策略、加强合作与媒体、学术界和社会组织、制作发布宣传材料，政府可以有效地推广政策，增加公众对政策的接受度和支持度。

（一）开展宣传教育活动，提高公众对政策的认知和理解

政策宣传教育活动是加强政策宣传与普及机制的关键环节，通过组织宣传教育活动可以向公众传达政策的目标、意义和具体措施，提高公众对政策的认知和理解。例如一项环保政策的宣传教育活动可以包括举办研讨会、开展宣讲会、组织培训班等，向公众介绍政策背景、实施过程、预期效果等并解答公众的疑问和关切。通过这些活动，公众可以更好地了解政策的意图和影响，提高政策的接受度和支持度。

（二）制定宣传策略，利用多种媒体渠道宣传政策措施和效果

制定全面的宣传策略是加强政策宣传与普及的重要手段，针对不同政策目标和受众群体可以制定个性化的宣传策略并充分利用多种媒体渠道进行宣传。例如针对数字化就业政策，政府可以通过电视、广播、互联网等多种渠道发布政策宣传广告，制作宣传片和微视频，发布政策解读和案例分析，以便更广泛地传播政策信息，提高公众对政策的关注度和理解度。

（三）加强与媒体、学术界和社会组织的合作，提升政策宣传的覆盖度和影响力

加强与媒体、学术界和社会组织的合作是增强政策宣传与普及机制的重要途径，政府可以与媒体合作，利用媒体的传播力量和影响力，加大政策宣传的覆盖度。与学术界合作则可以通过专家讲座、研究报告等形式，提供科学的论证和理论支持，增强政策的公信力和可信度。与社会组织合作可以充分发挥社会组织的人力和网络资源，组织宣传活动和社区讨论，扩大政策宣传的影响力。通过这种合作，政策宣传可以更加全面、多样和透明，提高公众对政策的知晓度和参与度。

（四）制作和发布政策宣传材料，便于广大民众获取政策信息和获得指导

制作和发布政策宣传材料是加强政策宣传与普及的有效手段之一，政府可以制作易于理解和获取的宣传材料，如政策手册、条例解读、宣传海报等，便于广大民众获取政策信息和获得指导。这些材料可以在政府机关、社区、学校及各类公共场所进行散发和张贴，也可以通过政府官方网站、社交媒体等在线渠道进行发布。例如一项健康保险政策可以制作与保险相关的宣传册子并通过医疗机构、保险公司和社区医疗中心等渠道进行发布，以帮助公众理解该政策并便于他们获取相关的保险服务。

政府应通过开展宣传教育活动提高公众对政策的认知和理解；制定全面的宣传策略，在多种媒体渠道进行宣传；加强与媒体、学术界和社会组织的合作，提升政策宣传的覆盖度和影响力；制作和发布政策宣传材料，方便广大民众获取政策信息和获得指导。这些举措有助于加强政策宣传与普及机制，提高公众对政策的认知水平，促进政策的顺利实施和推广。

结语

　　《乡村振兴新引擎：数字乡村建设的创新路径与实践探索》旨在探讨数字化战略在乡村振兴中的作用与应用，以及如何促进数字乡村建设的可持续发展。通过分析乡村振兴背景与数字化需求、农村电商平台建设与运营、城乡产品流通模式变革、农村电商可持续发展路径等议题，深入研究了数字化物流与供应链管理、农村电商人才培养与管理、城乡融合与农业现代化、农产品走出去与城里产品引进来等方面的内容。本书的研究发现，数字化战略在乡村振兴中发挥着重要的作用，农村电商平台的建设和运营为农民提供了更广阔的市场和更多元的增收渠道，城乡产品流通模式的变革也为农产品的销售提供了更多渠道。物流信息化和智能化技术的应用使得农产品物流更加高效和便捷，给乡村经济的发展带来了新的机遇。本书也强调了农村电商人才培养与管理的重要性，通过制定合理的农村电商人才需求与培养模式，为电商人才的创业与就业提供支持，并注重农产品供应链人才的培养，进一步推动数字乡村建设的发展。城乡融合与农业现代化、农产品走出去与城里产品引进来等议题的研究表明，通过优化城乡资源的整合，提升乡村产业链和农业现代化水平，拓展农村产品的市场渠道，促进城乡产业的协同发展，能够实现乡村振兴的目标。

　　政策优化与路径支持是推动数字乡村建设的关键，政府在落实和执行力度上的加大、金融支持与投融资创新的实施、技术创新与科技应用的推广、监管机制与政策评估的完善都能为数字乡村建设提供良好的环境和支持。本书的研究对于推动乡村振兴战略的实施、促进数字乡村建设的发展，具有重要的理论和实践价值。希望本书的研究成果能够为相关领域的学者、决策者和实践者提供有价值的思考和指导，推动数字乡村建设走上创新的路径，为乡村振兴事业做出积极的贡献。